U0803413

大学生就业36忌

杨粟裕 刘殿权 主编

中国科学技术出版社
· 北 京 ·

图书在版编目（CIP）数据

大学生就业 36 忌 / 杨粟裕，刘殿权主编．—北京：中国科学技术出版社，2016.7

ISBN 978-7-5046-7190-5

Ⅰ．①大… Ⅱ．①杨… ②刘… Ⅲ．①大学生－就业－研究 Ⅳ．①G647.38

中国版本图书馆 CIP 数据核字（2016）第 162300 号

策划编辑 王晓义
责任编辑 王晓义
责任校对 刘洪岩
责任印制 徐 飞

出　　版 中国科学技术出版社
发　　行 科学普及出版社发行部
地　　址 北京市海淀区中关村南大街 16 号
邮　　编 100081
发行电话 010-62173865
传　　真 010-62179148
投稿电话 010-62103347
网　　址 http://www.cspbooks.com.cn

开　　本 720mm×1000mm　1/16
字　　数 100 千字
印　　张 6.5
版　　次 2016 年 9 月第 1 版
印　　次 2016 年 9 月第 1 次印刷
印　　刷 北京正道印刷厂

书　　号 ISBN 978-7-5046-7190-5/G・722
定　　价 19.80 元

（凡购买本社图书，如有缺页、倒页、脱页者，本社发行部负责调换）

前言

大学生就业问题已经引起社会各界的广泛关注。如何从根本上解决这一社会发展的必然矛盾成了重点。2015年，就业需求在结构性方面有变化，民营中小企业与二三线城市需求明显上升，毕业生对就业的期望值与社会需求有明显差别。总体来说，就业形势依然复杂严峻。

本书在主要讲述大学生就业过程中会遇到的问题的基础上，分析大学生就业时所遇到的困难，结合各种小案例一一解读。

据不完全统计，2016年全国高校毕业生在770万人以上，再加上出国留学回来的海归约30万人，以及之前没有找到工作的往届毕业生，预计2017年全国将有1000万名大学生同时竞争。

2016年，对于新毕业的大学生来说，就业形式更加严峻，海归潮、就业大军叠加。由于经济不景气，企业的热情度没有往年高，就业市场压力巨大。

学校对安排大学生就业方面指导不足。最根本的一个问题就是，教育与生产相脱离。

当前就业市场机制不完善，大学生对就业思想认识不足，没有在应聘前做充分的准备，在专业对口不对口和面试上的不成熟表现，都使他们与好的工作失之交臂。所以，在大学生应聘前，一定要重视面试技巧。

大学生只有对自己优劣势和就业形势有着一个清晰的认识与认真思考，才能对以后的努力方向更加明了。

《大学生就业36忌》一书，就是从注重专业学习、加强实践锻炼、调整就业心态等多方面，通过实例来为大学生就业进行充分的指导。让大学生做好职业规划，增加对社会的认识和经验的积累，以便在各行各业都能够快速开展工作。

36忌 大学生就业

目录
CONTENTS

一、心态篇

1.忌缺少自信

经常听到大学生讲自己应聘的遭遇，遇到与自己专业不对口的工作岗位，或者觉得自己毕业成绩不好，根本就不敢尝试，因此失去了很多就业机会。所以，这里开篇讲的就是大学生找工作最重要的就是塑造自信心。

目前，社会用人招聘可分为两种，一种是应届生招聘，一种是社会招聘。社会招聘需要的是那些有工作经验的人，这对刚毕业的大学生来说，应聘不上无可厚非。另外一种的社会招聘则是你需要重视的应届生招聘。这里需要的并不是你过往是否工作过，而是要你的精神和态度，以及你简历背后人本身的品质。这时自信心强的大学生求职率就比较高，这与成绩好坏关系不大，看重的是你其他方面的素质。

有个同事的孩子，毕业于一所普通二本大学，之前我听他父亲提起过，说他一直想应聘一家国际快销公司的职位，并且很快有了进展，得到了这家公司的销售部实习生聘书。这令我非常惊奇。于是我就给他打电话，问他是怎么得到这个位置的。

他说："我最开始自己投简历应聘一个行政部门的实习生位置，在面试时，顺便表达了自己想做销售部工作的意向，结果人力资源经理说销售部也在招人，但要招有工作经验的人，直接就可以工作的。听完人力资源经理的话，我并没有泄气，反而觉得这是一个机会。因我在大三的时候在一家超市做过周末促销员，帮着推销过一种新产品酸奶，让我一下子抓到了头绪。接着我就到网上搜一些与销售有关的案例与经验，特别关注一些销售达人的访谈，很快我就上路了。接着我就开始把这家公司近 3 年的财务状况和内部运营在网上摸了个底儿清。这些调研工作让我对自己应聘这个职位更有信心了。后来，我就又去了离家很近的超市蹲点，了解了超市上货、采购方面的事情。最后，我写了一个行业的调查报告，经过新一轮的面试轰炸，终于如愿以偿。"

同事孩子的经历值得我们大家来分享：只要有热情，主动出击，付出时间与精力去获取经验，再加上加倍的努力与积极的态度，那么，你的就业机会就来了。

"大学 4 年，最大的迷失就是在招聘会上"。胆怯、羞涩和犹豫不决是应届大学生求职时的最大“门槛”，虽然无法达到用人单位的全部要求，但主动自信的大学生也会博得赞赏，应届大学生可以利用这种“软条件”创造机会，获得意外的收获。

人力资源方面的专家也曾放言：招聘会对许多应届大学生来说是一种沉重的负担，不去好像缺失了什么；去了忙于奔波却没有任何收获，很纠结，成了许多高校毕业生最心焦的事。

这里再给大家讲个故事：一次马戏团演出，驯兽师在笼子里领着几只老虎表演。突然停电了，观众什么都看不见，只能听到驯兽师还在对老虎发出各种口令。演出结束后，有人问驯兽师停电时是否害怕。驯兽师说开始害怕，但越害怕越容易出问题，所以我也就冷静下来，继续对老虎发口令了。别人又问，你当时看不见老虎啊，发口令有什么用？驯兽师说我是看不见老虎，但是老虎不知道我看不见它们啊，所以只要我不停地发口令，老虎就以为我能看见它们，也就会很老实了。

大学生朋友在应聘时不要怕，你越怕，就越胆怯，其实你的不自信来自于你自己，别人是看不到你最深处的。这个时候不妨做个“厚脸皮”，没有人会介意的。

那么，如何增强你的就业自信心呢？

首先你要对自己的外表有信心，在应聘前，一定要整理好着装，使自己的外表处于整洁状态。正是对外表有自信了，才有利于你在应聘时，将注意力专注在应聘上；应聘上的同学，可以将注意力用在工作上。

有的大学生在应聘时会很紧张，甚至一说话就结巴，总担心结果。这时你需要注意的是完全放轻松，不要在意自己的表现。少想，会让你找到很好的感觉。还有在表述的时候，不要脸红，你的窘态会为你的表现减分。应聘前在家要做足说话的“功课”，多练几次就会有所提高。

缺乏自信还有一种比较普遍的表现，就是不坦诚，不懂装懂。你不熟悉的专业领域，有勇于承认与面对，乱说一气只能暴露你的胆怯。一句你没接触过，也好过这种乱说一气。

如果觉得自己实在害怕去应聘，那就找个好朋友一同陪你去吧，这样你就不孤单了，心里就有了底气。千万不要傻气到用酒来壮胆，你性格中的害羞与腼腆，不是一杯酒所能掩盖得了的。放开自己心中的结，才是最大的潇洒与放开。

还有，别等着就业前夕才想到如何提升自己，在校期间就要未雨绸缪。

就业难，难在很多同学在大学里并没有对自己进行过规划，付出的努力不够，等到毕业之际才意识到自己学无所成，从而对自己求职缺乏信心。因此，我们同学应早做准备，在校加强专业知识技能的提升，经常参加校内演讲比赛，充分利用假期参加社会实践，提升自己的实践能力，也在锻炼中学会与人交往，早日融入社会。

2.忌攀比学历

张丽与罗亚在大学里是一对好闺密。毕业后，二人同时进入一家企业当职员。3 年时间过去，张丽已经升为部门主管，罗亚却还是老样子，原职未变。每次看到张丽意气风发地带着部门成员在会议室里开会，罗亚的内心就会泛起酸水。在工作之余攻读完学位的她心里很为自己不平，自己的学历比张丽高，怎么就不能有升职的机会呢？于是，每次见到张丽，罗亚就不再与她说话。

罗亚的这种情况是盲目攀比给自己造成的认知、情绪和行为方面的负性改变，属于一种典型的职场“孔雀心理”。即发现自身与参照个体发生偏差而产生负面情绪的心理过程。罗亚只看到了眼前的结果，却没有看到张丽一心扑在工作上所做出的努力。攀比这种心理其实在现实生活中屡见不鲜，但正确的走向是，有比较才会有差距，有差距就会有压力，有压力就会有动力，有动力才会进步。但盲目攀比就会使人陷入误区，在别人的成就里寻找痛苦，那就是心理问题了。

类似罗亚的盲目攀比学历，而忽略了对方的能力与努力，在大学生求职中并不鲜见。这类人群的内心总有一个念头，就是“我不能落后”“我不能被比下去”，总把别人的“强”作为标准。而事实上，职位的好坏都是相对而言的，职场位置的高与低，也存在利与弊，位置高的就会累，就要承受更大的压力；位置低的工作容易完成，压力相对就会小些，不要“这山望着那山高”，无端让心情负累。

现实生活中的用人单位，大部分看重的是学历，你是“211”还是“985”，如果不是，你连入围的资格都没有，对于应聘的大学生来说，学校和学历是他们进入职场的敲门砖。用人单位的任性背后的原因，一个是用人门槛的攀比。用人门槛在一定程度上反映着用人单位的地位和水平。既然都竞相聘用高学历、知名院校的大学生，自己为何要自降身价降低人才招聘的资格和门槛？所以，你用硕士生，我就用博士生；你用“211”，我就用“985”。这种人才的激烈竞争，也给入职的大学生带来了负面影响，让他们在不知不觉中就暗地攀比。

在职场，不看重文凭的用人单位也存在，譬如，在IT行业里不是看谁文凭高，而是看谁有能力来完成某项工程或任务。往往很多的公司在聘请一个本科生后，看不到他的业绩，这就很充分地证实了在IT行业里，要把能力放在首位，而文凭的高低不代表什么，因为计算机专业是不能和政治、语言、数学等学科并论的，不会因为应聘者的文凭高低而另眼相待。

在这里，我强调的是，人生没有永远的赢家，不要让攀比搅乱自己宁静的内心，攀比是一把双刃剑，过度关注自己与别人的差别只能让你不堪重负，走向极端。严重的还会患上“攀比恐慌综合征”。所以，在职场一定要保持好的心态，学会自我解压，放松心情。身在职场要培养一种“不争心”，这也是给自己减压，心灵减负的最好办法。

要把攀比转化为新的动力，有一句话说得好，活到老要学到老，说的就是这个道理。走出校门，不代表你就结束了学习生涯，捧着已有的学历随波逐流，这样的大学生没有明白，能力要比一纸文凭更加重要。别以为有了一个学历就是万事大吉，殊不知天外有天，楼外有楼？能力的培养，经验的积累才是成功者一生的事业。

你没有高学历，就一定要提升自己的能力，有人曾这样形容过：学历就像一张火车票，博士是软卧，研究生是软座，本科是硬座，专科的、民办的是站票！当你的学历撑不起你的野心，你就要比别人付出更多的辛苦，克服更多困难，加强能力的历练。光优秀是远远不够的，必须要卓越，做到让专业领域内的所有人都能认可和钦佩。所以，学无止境。

我们都知道高职位往往需要高学历支撑。我们常常听说某个经理工作如何优秀，却无法升职到总监甚至更高的管理级别。所以无论你能力多强，为公司多么奉献，多么鞠躬尽瘁，在高层管理岗没有学历就没有上升路径。要想更上一层楼，就要努力工作，这样才能有机会出头。适时地充电和接受培训，将有助于你的人生更高的走向。把你用在攀比的时间放在学习上，比牢骚满腹要实际得多。

“梅须逊雪三分白，雪却输梅一段香”。人各有其长，各有其短，每个人都有自己的优秀面，同样，每份工作也自有其优劣，也许自己工作的地方没有空调，没有高大上的落地窗，并且每天都与琐碎做伴，但是只要坚持下来，就是战胜了自己。当遇到烦心事情的时候，用一句“比上不足，比下有余”来安慰自己，烦闷也就一笑而去了。

好的攀比能让我们认识自己的不足和长处，合理地调整情绪、行动方向，是一种较实用的人生演练。它能时常促使我们内省自己，将能实现的尽量实现。至于不能实现的，其实也可看作是一种美丽的期待。就看你怎样选择攀比的正反面了，选择一种适当的攀比方式，就是选择了一种轻松的生活方式。

3.忌负能量爆棚

说起来，职场确实是负能量聚集之地，身在其中的你，不得不时刻提防这些负面能量的传播和影响，稍不留心，自己也可能卷入负面能量的旋涡，不仅影响正常工作，伤害人际关系，严重的还可能因此丢了工作。

身处职场，我们既是负能量的吸收者，同时也不知不觉地成了负能量的创造者。身处职场，经验不足的你常常会被这种情绪感染，每当身边有同事发出对公司的不满，你也会应声虫般地附和。日复一日，定力不足的你终于禁不住煎熬毅然离职。这时的你会发现，平日里一直心怀怨怼的同事却依旧在岗位上“苦撑”着。他们没离开，你反倒放弃了，这究竟是什么缘故？

在职场像这样一直传播负能量的人，其实并不少见。我有个学员小琴就曾经讲述过她的经历。大学毕业没多久的她被一家做进出口贸易的公司录取了。她刚进公司，就发现邻桌的同事超级热络，是个自来熟。渐渐的，小琴发现，这个同事有个毛病，就是经常在公共场合说公司的不好，从人到事，没有她说不到的地方，经常传达的信息就是这个地方没法呆。

小琴刚开始只是听听，但在工作中发现这个同事说的事都得到验证了。于是，小琴和这个同事聊天吃饭时经常因单位的某事而产生共鸣。在说公司差劲的同时，小琴也失去了对这份工作的热情与幸福感。每天都很不开心，没多久，她就去了别家公司任职，薪水也没有比现在的高。奇怪的是，那个和她曾是同盟的同事却没有走，反而升职加薪了。这时候小琴才醒悟，只有自己为那些负能量买了单。

为什么人家天天抱怨心情没受影响，你这个听众却毁了心情落荒而逃？原因很简单，对方只是把负能量散布出来当作一种解压方式，在倾诉的过程中释放压力与不满。而你这个听众却当真了，被负能量打败了，走了。古人云：择其善者而从之。如果恰好碰到了“其不善者”，要学会远离他们，不要被那些所谓的负能量阻碍你的脚步。

现实生活当中，每个企业都不可能没有制度或者管理上的漏洞与疏忽。作为职场中人要有一个理智的判断，正确判断别人口中的“不好”有多糟糕。即使有不如意的地方难道就转身离开吗？所以说，职场中的负能量大部分是别人“设计”出来的，你这个职场小白不小心被传染了，就中招了。一个真正的理智的职场中人需要有客观的判断能力，这样才能把握住自己的职场生涯。

接下来，我们就看一下有哪些职场负能量影响着你。

消极，这是一种最动摇军心的情绪。办公室里，总是有人消极怠惰，对企业发展缺乏信心，患得患失。其实这种人的内心能量比较弱，而且行动力不高，总在瞻前顾后中蹉跎了时间和机会。这类人会传播出各种忐忑不安来扰乱军心。

浮躁，像有毒的空气蔓延。在办公室里这种急于邀功，做事不踏实的人很容易破坏团队的协作和平衡，也容易带动其他人与他一样急行军，而少了脚踏实地的积累。

冷淡，典型的办公室冷暴力。一个办公室人际关系冷淡对团队建设有很大的负面影响。表现为工作协作中有意不配合，疏远同事，甚至有意给同事设置障碍等。导致整个团队人际关系恶化，人心背离，极大地影响团队绩效。

懒惰，带来拖拉之风。每个人多少会有一些惰性，懒惰会变成拖沓，这不仅影响个人工作业绩，还会因此影响团队的绩效。尤其是办公室老人这种懒散的态度会影响新人，一个传染一个，就造成整个工作氛围懒散低效。

多疑，极其容易影响办公室的人际和谐。同事之间、上下属之间缺乏信任，总怀疑对方的行为举止另有目的。职场女性因心思细腻、对感情和周围人际变化比较敏感，更容易患上疑心病。

与大家分享以上几种负能量，如果长时间陷入负能量当中，很容易影响职场道路的顺利发展。建议大家利用积极的方法去面对工作上的压力和困惑，负能量只会让你更加沮丧而无法走出困惑。如果你遇到其中的任何一种，都要及时地调整好自己的工作状态，只有远离负能量，才能吸收正能量。一旦发现自己陷在负能量里长时间拔不出来，就必须要重新检视你的职业定位，分析得失和利弊，对个人职业规划进行微调，让计划跟上发展的步伐，才能让自己游刃有余。

在国外，很多企业都会给员工制定 EAP 计划，帮助员工及其家庭成员解决心理和行为问题。情绪控制意识强的人还会专门找个教练做长期的辅导。在中国，越来越多的企业也已开始关注到员工压力情绪管理这一块。尤其是银行、IT 企业、供电、通信系统这些高压行业的单位，很多都有自己专门的解压室，并且定期会请专家给员工做心理内部培训。

在职场里，你看到的永远不如表象那样风平浪静，背后的暗流涌动中，传播最快的不是那些正面的、鼓舞人心、积极向上的信息和能量，而是那些负面的、让人消极、倦怠、心里不爽的人和事。其实任何机构都像硬币一样，有正面有负面，负能量永远不会因为正能量的宣扬而消失。重要的是你如何去排解与转化掉这样的负能量。

在职场中学会辨别职场能量，更要学会接受正面的职场能量，这样才会是进步的职场生涯！

4.忌嫉贤妒能

嫉贤妒能，在就业单位来说是一种常见的“怪病”。这类人群的存在，不仅影响单位的团结，也影响着单位的发展。在下面这个故事当中大家就可以深刻地体会到。

张倩大学毕业，分配到一家事业单位，刚出校门的她业务还没熟，领导就给她安排了一个很重要的任务，结果她因不了解情况，就没完成，被领导一顿训。这件事很快在单位传开，大家议论纷纷，说这点能力都没有，还大学毕业呢，说不上是怎么进来的！要强的张倩并没把这件事放在心上，反而开始努力研究业务，专心进入工作状态，并且通过对单位的了解，写了一篇翔实的调研报告。在年终的总结会上领导提出了表扬，会后却引起了不少人的嫉妒，甚至当着她的面就说她和领导的关系不一般。受不了这种无端侮辱，张倩辞职了。

这种情况是同事间典型的嫉妒案例，遇到这样的情景，我们如何去拆解？

我们回到春秋战国时期，看看孙膑是怎么在嫉妒者的排挤打压下生存与发展的。

孙膑与庞涓是同学。庞涓嫉贤妒能，害怕孙膑在魏国受到重用，就用“莫须有”的罪名陷害他。孙膑被搞得不能行走，脸上还被黥面。怀着复仇的心理，孙膑偷渡到齐国，凭借自己的真才实学，当了齐国军师。“围魏救赵”使其名声大震。他又巧用计谋，令庞涓这个历史上著名的嫉妒者，挥剑自刎。孙膑从此名显天下。

俗话说：不被人妒是庸才，他人嫉妒你正是说明你比他强，他有不如你的地方，所以才会嫉妒你。方法也很简单，就是保持一个平静的心态，以自己正常的方式该怎么工作就怎么工作，和其他同事该怎么相处就怎么相处，不必因为他嫉妒你就对他冷目相向，更不必担心他可能对自己不利而故意与其接近，不卑不亢，坦然大方。相处中，若对方挑衅，兵来将挡，水来土掩，接触几次，他知你不可欺，自然就收敛了。

还有，职场中遇到嫉妒和中伤的事件发生时，听到难听的话我们可以记在心里，遇到冷眼和黑手，我们就小心避过，这样不仅让恶意的中伤无的放矢，也可以让我们的肚量变得更加包容，也可以让低俗者变得更加自卑和渺小。对待嫉妒者的嫉妒和中伤最好的最绝妙的回击就是，在自己的内心深处对待嫉妒者的嫉妒和中伤的不屑和自我平静安闲的微笑。

以上是别人对你的嫉妒，如果职场中你也会嫉妒别人的时候，就请换位思考一下，请把嫉妒、攻击、设计陷害别人的时间放在提升自我上，你只有不断地学习和超越自我，才会找到自信。除非你不想成为强者，计较得太多只会让自己更累，这个累不是别人造成的，而是你自己给自己强加的。

“枪打出头鸟”，在一个就业单位里，你想做出点成绩，总会触动同僚的神经，干得不好就会被人瞧不起，干得好难免出众，不仅同僚畏惧，甚至功高震主。此时你再遇到一个“举善而教不能”的领导，那你的职场生涯基本就终结了。久而久之，这个单位谁也不想真干实干了。在内耗中执行力消失殆尽，工作效率低下，还谈何发展？

某公司的一个项目经理，因自己手下一个职员的销售业绩越来越逼近自己，按照公司“能者上，平者让，庸者下”的规定，她就只有拱手让出已经把持了多年的经理位置，她妒火中烧，情急之下，采取了不光彩手段，偷偷与对方大客户联系，妄想取消已经签了意向的合同，结果对方非常反感，把情况反映给了上司，上司一怒之下，开除了这个项目经理。

这是上司嫉妒下属的一个典型案例。心理学家说，嫉妒是人类普遍的情感，轻微的嫉妒可以激励人上进，过度的嫉妒却会让人心生邪恶。尤其是当领导是一个嫉贤妒能的人时，有才能的下属就遭殃了。三国时的杨修就是由于曹操的嫉贤妒能，最后被杀。如果自身确有领导不及的才能，而偏偏领导又是一个嫉贤妒能的人，如何与他相处才不致伤到自己呢？

面对这样的领导，你就该大智若愚、小心行事；不要聪明外露，炫耀张扬。尽管工作成绩斐然，也要显得自己与世无争的一面，让领导觉得你是个“顺民”。同时，要避免自己的特长与领导特长“撞车”。在领导所不精通的领域大显身手，不仅会很快干出工作业绩，而且会引起领导的重视，因为这样的人是领导完成其职责工作的重要依靠。

在工作中不要太计较名利，面对领导的嫉妒，要佯装不知，并真心与领导合作，干出成绩，领导也多半会对此有所善意的回应。在公开场合支持领导、尊重领导。也可以在一些适当的场合，客观公正而又真诚坦率地肯定一下领导的优点和长处，当他知道你对他的善意评价和友好态度后，在一定程度上会缓和他对你的嫉妒心理，逐渐转变对你的态度。

我们敬爱的周总理曾经说过：“适当地发扬自己的长处，具体地纠正自己的短处。”意思是尽量避免锋芒太露，不要刻意炫耀自己的优点。不以一技之长傲人，一孔之见自大，从而与上下左右的人和谐相处。如果这样还有人嫉妒，那就让他吃着嫉妒的毒药嫉妒终生吧。

5.忌情绪化

情绪化可以说是职场中的“幼稚病”。一个理智的从业者，无论遇到什么棘手事件，或者意外事情发生，一定要静下心来细细思量。千万不要做过激反应，俗话说，冲动是魔鬼，有些人发起脾气来，连黄浦江的水都扑灭不了。简直比魔鬼都可怕，试想下，这样的一个人，在职场中控制不住自己的脾气，等待他的将会是什么？

张季是一家广告公司策划部的职员，为给客户做份广告方案，可谓是呕心沥血。他把自认很完美的方案拿给了客户，希望对方能提出修改意见，对方很重视，就专门开了个讨论会，会上，客户方的工作人员毫不留情地指出了方案的不适用，并对张季工作的广告公司的实力表示怀疑，讨论成了声讨会。如坐针毡的张季完全被这个场面激怒了。

面对着一张张反对面孔，他突然爆发：为这个方案，我做了很多准备，你们不知道我有多辛苦，我今天来到这里，就是为了听听大家意见，你们这样一味地攻击，我觉得是对我的劳动成果的一种亵渎！他咆哮的样子顿时让在场的人大吃一惊。对方的领导更是脸色大变，阴沉得似乎都能拧出水来。结果可想而知，回到公司后，张季的上司把他叫到办公室大骂一顿。并警告他，要是再对客户发脾气就直接走人。

张季的亲身经历，可以说是职场中最常见的心理问题，此种情形下，他的内心有两种情绪在对抗，一种是内疚，自己没有做好方案让对方满意；一种是愤怒，生气大家对他的方案干净彻底的否定。如果愤怒战胜了内疚情绪，就会爆发，那么，何不让这两种情绪商量着来，商量着去处理事情。要知道愤怒是有代价的，千万不要让冲动战胜理智。

在职场乃至生活中，情绪无所谓好坏，它只是身体给我们的一个信号。它会用欢欣、轻快、沉醉等好的感受，给生活增添乐趣和色彩；它也会用愤怒、失望、焦虑等令人不适的感受，促使人们去调整，去改变。在职场上，别害怕自己的情绪化，我们只需要冷静地看清它，接受它，用智慧的方法宣泄和处理它。

没有一个人能够做到十全十美地控制情绪，正所谓，再平静的湖面，也不可能永远没有波澜起伏，所以，我们能够做到的，就是尽力地去控制它。尤其在职场，首先你要会控制自己的脾气，尽量不要让工作中的一些小事影响到你的正常情绪，一个情绪化极强的人如果出现在职场中，久而久之，其他人都会慢慢地避开，不愿与之接触，因为这种情绪这么不稳定的人，在别人看来，都是不太正常的人。

那么如何很好地控制自己的情绪呢？

要不断地给自己的情绪充电。不要像太阳一样，拼命地把温暖传递给每个人，要“自私”一下，时刻让你的体内“电池”满满，积蓄更多的快乐因子，让你的快乐磁场永远处于满格状态。工作一天思绪繁杂，你可以给自己10分钟的时间，把烦闷的经历剔除记忆，只记下开心的事情，日记会帮你寻找到你的能量去向，长此以往，累积的就是满满的正能量。这么做会使你的心情每天都处于平和状态。

只做力所能及的事情，这样就不会有太大的压力。太多的负担只会让你对生活失去感知力以及行动力，当你完成不了，就会对自己失去信心。日积月累，负情绪越来越多，终有撑不住的一天降临。

向亲人、向朋友、向同事倾诉。敢于直面人生的是真勇士，敢于披露自己弱点的人是勇敢者，敢于倾诉自己郁闷的人亦不是弱者。通过倾诉，人的紧张心理可以趋于平静，烦闷情绪能够得到化解。我们还可以通过宣泄，得到许多有益的“点拨”或“安慰”。你若仍觉得向亲人、朋友、同事倾诉都不合适，可找心理咨询师倾诉。

来一场说走就走的旅行吧。外出旅游、置身于大自然的怀抱中，是摆脱坏心情的一种很好的方法。当我们把身心投入到美妙的大自然怀抱里，就可以开阔郁闭的胸怀，释放负能量。这一切都将重新激活人的理性控制力，使你迅速地回归到正常生活的轨道上来。

以上是如何控制自己的情绪，那么，身边要是有些情绪化的同事或者上司，你该如何应付？

直面他的行为。这个方法的优势所在就是你不用再玩游戏，双方各自表明立场。如果你碰上了一个难以相处的老板或同事就可以使用这个方法把每一件事都讲出来，和对方打开天窗说亮话，解释你再也无法忍受某些事的原因，以及你希望看到的改变。对方可能会拒绝你的“要求”，但至少你知道自己的立场并据此作出决定。画出一条界线，如果别人跨过了它，那说明那个人是有意为之的。

调整别人的行为。如果你所在的就业单位，有位爱骂人的爆炸性格的老板，你可以对他的消极行为作出回报，每当他骂人的时候，就不要理睬他，并表现出自己的愤怒，让老板意识到自己的错误举止。相反，要是发现老板表现得有一点点的鼓舞人心，例如说：“干得不错”或“谢谢你”的时候，就要向他的善意和鼓励表示感谢。这样坚持下来，老板一定会意识到自己的鼓舞和支持会有很好的互动，渐渐的，就不会选择前者的鲁莽行为了。

6.忌抱怨满腹

刚毕业的大学生，从校门到就业单位，环境改变了，情绪也会随之变化。职场中的危机与压力都在所难免，当心中积怨与不满无法承载时，可以发泄出来，但要选择适当的方式。不能过度地、没完没了地抱怨，这种做法解决不了任何问题，只会让人在负面情绪中越陷越深，逐渐形成了一种可怕的恶习。

金融专业毕业的张刚是个很有才华的人，毕业后来到一家企业任职，老板很欣赏他，委以重任。很多同期毕业的同学都很羡慕他，觉得他大展宏图的机会来了。可在接下来的几个月的几次同学聚会上，大家发现张刚情绪很低落，爱发牢骚，经常抱怨公司这不合理，那需要改进，同事素质低下。总之，一切都不令他满意。

不到半年，张刚就跳槽到另一家企业，薪水上涨，还配了车，按理来说，他该满意了，可没多久，大家见到他时，他又开始埋怨起来，说公司里的要职基本被老板亲戚包圆了，有几个人能力根本和他没法比，于是，时间不长，他就又辞职了。接下来的几年，他一直就这样换着工作，每次都是不停地抱怨，不是老板不行，就是环境不好，久而久之，业内好多家公司他几乎都走了个遍，唯一没变化的就是他的爱抱怨行为。后来，就没有后来了。

像张刚这类喜欢发泄情绪的人，多少有点吹毛求疵的心态，同时也缺少一颗坚持的心。他们希望的是，生活会给他们安排好一切，一切都随着他们的心愿而来，然后再舒服地走向成功。一旦生活偏离了他们幻想的轨道，他们就会唠叨不停，随时向身边人发泄不满。这样做的结果，就是埋没了能力，限制了自己的发展，自己成了自己的敌人，成了通往成功路上的最大羁绊。

在职场上，“抱怨就像空气一样无处不在”，职场人只要凑到一起，抱怨是必需的。其实，适度的抱怨是发泄消极情绪，缓解内心压力，维持心理健康的一种手段。但是，当抱怨成了习惯，持续的抱怨会使人的情绪变得非常糟糕，看什么都不顺眼，进而在工作上敷衍了事，引起他人的不满，最终使个人的发展道路越走越窄。

职场压力固然大，但要学会转化，也就是心理学上的减压，用做别的事化解压力。某家公司的财务总监李林，他化解压力的办法就是每隔几个月“请假一周”。公司里没人知道这一天他干什么去了，仅有几个好友知道他的这个秘密。其实，每次请假，他都是坐上两个小时的火车，回老家的农村，关上手机住上一周，来个彻底放松。那一刻他会觉得自己是个避世的闲人。再返回工作的时候，他会觉得放空后的身体重新蓄满了力量，很多之前的难题也会迎刃而解。我们知道电脑有时需要格式化，我们的身体也需要定期“格式化”。那种动不动就抱怨的方式根本起不了减压的作用，只会让人觉得压力越来越重。

“抱怨是失败的借口，是逃避责任的理由”。很多才华横溢的人在公司得不到升职，大都是因为他们有抱怨的毛病。自恃有才，认为自己被大材小用，把谁都不放在眼里，那么，请问，谁会提升一个牢骚满腹的员工呢？与其一味地抱怨，不如尝试着去改变自己、改变现状，将生活变得如意起来。

遇到如下情形的抱怨，我们不妨这样化解。

在职场工作和生活不能混为一谈，不要把家里的矛盾、夫妻间的摩擦都搬到工作场合来宣泄。这么做只会让你成为同事茶余饭后的谈资，并损坏个人形象。不妨在休息时，找个知心朋友好好谈谈，来舒缓下一直紧绷的神经。

每个公司的经济实力都不一样，所以，不要在伙食上过多苛求，与其抱怨，不如自己带饭，这样既卫生又省时。做个聪明的员工，不要与自己的老板对着干，懂得隐藏恩怨，把精力放在公司的最终目标上。再或者，你尝试下自己当老板的滋味，就懂得其中的辛苦了。

别抱怨老板不能慧眼识珠。升迁的机会也可自己争取到，主动与老板讨论你的工作目标与未来发展计划，让老板意识到你的价值，这也是一种积极的工作态度。别总和同事抱怨薪水低，或者因此影响工作，积极的态度是好好表现，让工资与业绩对等。把抱怨的时间和精力投入到计划执行中去，工作效率就会显著提高。

由于经济形势不好，很多单位通过减免福利的方式缩减开支，身为员工要理解，少抱怨，其实，这样至少没有裁员那么糟糕。难关只是暂时的，克服一下就可以了。

别把自己的迟到推到交通堵塞上，这种抱怨毫无意义。你需要做的就是上班前提前出行，并且在路上改善下心情，多听听音乐，或者带本书，让一天有个美好的开端。

工作环境不好，不能作为你不好好工作的借口，工作间虽然狭小，但毕竟提供了一个相对安静的独立空间。你完全可以做一些事让这个小空间更活跃，比如放一盆绿植点缀下，改善工作环境的舒适度。

与其在抱怨中消磨时间，不如在努力中成长自己。

二、礼仪篇

1.忌奇装异服

刚走出校门的大学生，不仅要有全新的心态，也要有一身新衣，要自己的形象符合工作岗位，身份的转换，打扮也要来个彻底的变革。不同的企业有不同的企业文化，所以着装风格也不太一样，职场上班的第一天不一定非要穿得很正式，但尽量要以简单稳重的造型为佳。要与老员工着装保持和谐，随大流儿即可。

“入乡随俗”是把握尺度。如果你从事时尚感比较强的职业，诸如电视台、时尚美容、文案策划、媒介、广告业等行业，穿衣搭配必须要讲究，不仅要适合自己的职业本身，更要大方得体，还不能失了时尚感。从某种角度上讲，这些行业对服装的要求并不是很绝对，随意性很大，所以你的穿着可以很本色，张扬自己的个性和创造力。服装的颜色也没有什么固定的要求，可以选择同色系，或者不同色系；可以很正式，也可以很自由。如果你想要在众人面前显示下自己独特的个性打扮，只要不是太诡异、恐怖，估计没人会管你。

私企上班族服装要雅致和职业化。如果你是从事商贸、保险、房地产、服务业、咨询业等公关意识要求很强的行业，所以要求从业人员能恰如其分地反映企业形象。只需做到“合身得体”即可，同时服装质地也要好，体现个人品位；色彩也很重要，以灰色、黑色或藏青色为主，但可以选择相对明亮的配饰。女孩子以清雅的套裙为主，不建议穿牛仔裤等。如果是从事计算机、网络和一些高新企业工作，穿着首选大气、得体的颜色。

文秘等行政服装要得体。秘书人员的外在形象美主要是仪表美、气质美。秘书穿什么衣服上班，是一个很重要的问题，因为它不仅关系着秘书的形象，也影响秘书的工作。穿衣不可太随便、要注意衣服的面料，不能低档、要合体，不能太牵强。要体现工作特点，不能花哨，也不能太没品位。

同时，我们还应该注意以下比较容易走入的着装误区。

黑色的衣服并不保险。并不是穿黑衣服是职场百分百的正确选择，一身黑色套装会让人有压抑感，有种很“闷”的感觉，需要用衬衫的颜色来提升一个轻松的氛围。一般情况下，第一天上班的新人穿浅色服装会比深色更适合，比如女生可以选择比较得体的白衬衫＋裙装。这样穿着的感觉会比较舒服。

不要穿太成熟的服装。太过刻板的打扮，会让同事与你产生距离感，也容易给人造成你过于严谨、缺乏创造力的感觉。很多新人觉得走上工作岗位应该体现成熟一点，于是穿着与自己年龄不符的服装，反而会给人感觉不太自然。新人就应该给大家一些新人的感觉，太老成的打扮不适合。

别把精力用在外表上。过分的衣装会让人把注意力集中在你的外形上，给人感觉你不够敬业。对于一个职场新人来说，打扮需要得体，但也不能过分。从心理学角度来说，是自信心不够的表现。如果外表表现得过于完美，会让其他同事产生一些微妙的心理变化，会为以后人际关系的开展设下障碍。上班，穿着上只要让人感觉干净清爽即可。

知名文化学者于丹对职场新人着装问题曾这样建议："我们对穿着没有非常明确的苛刻的要求，但是最好不穿一些特别奇装异服，也不要穿的过于邋遢，因为这是你人生的一个很重要的仪式，你穿成什么样子首先不是你给谁看，而是你对自己的态度。"如果在职场中能够穿着得体，穿出品位的人在工作上也一定是个聪明人，更容易得到领导的认可和赞许。但是并不是所有职场中的人们都能够做到这一点，需要不断实践，才能找到最适合自己的职场装扮。

职场有哪些服装千万不能穿呢？我在这里一一说明下。

女职员职场衣装要严格与夜场或者娱乐行业服装分开。不要在职场中穿着裸露热裤，还有过于紧绷的衣服，上班时间没有人关注你所谓的性感打扮。超短的小牛仔裤也不适合出现在职场中，想象一下，你俯身去捡地上的文件的时候仍然很优雅吗？还有低腰牛仔裤，也不适合工作穿着。虽然时尚，但是外出不方便，经常会露出里面内裤，在职场中应尽量避免。

还有后背或者前胸网状衣服也不适合办公室穿着，这种低胸性感服装不适合办公室，这样会让男同事们分心，不能专心工作。

还有很多女职员总是误读随意的含义，上班时仅穿个内搭裤就来了，这样会给人一种不是很职业的感觉。如果上衣长到可盖住屁股也还算可以，但要是短的话，屁股岂不是让人一览无余？下面再穿一双人字拖，这样的装扮就像是在逛街，实在是太随意了。

男职员不要穿带有对偶像崇拜标语和有偶像头像图案的衣服，这样让你的同事会觉得你很幼稚。对于职场秀新人来说很重要，不要让自己成为别人背后的谈资。也不要穿潮流式样的乞丐服，会给人留下不好的印象，觉得你是个散漫的对工作不积极的人。

工作场合最好不要戴棒球帽，虽然你喜欢跟随明星潮流的装扮，但在职场真的是不合时宜，觉得你这是外出运动范，有点与环境格格不入。

2.忌不修边幅

曾经受朋友之邀，去他的公司帮他招聘。按照约定时间到了那里，这时，在走廊已经有很多人拿着简历在等候了。只是随便一瞥，就发现这些应聘者们似乎显得过于随意，其中一个女学生穿着一件类似背心的衣服，头发随便一挽，还有几缕头发散落下来。更离谱的是有个男生胡子拉碴，脚下居然穿着一双夹趾拖鞋，像是去观看足球比赛的邋遢男……毕竟是一个寻找工作的面试，即使在资料方面准备不充分，至少应该注意衣着啊。于是，那天，淘汰了同样条件下，那些仪容打扮令我反感的人。

在生活中，长相我们不能改变，但衣着打扮却是可以自由选择，面试是一个非常正规的场合，你不一定要穿着昂贵的西装，但至少要衣着整洁，这是对自己形象应当承担的基本责任。身为职场的一分子，你自己就是一个品牌，无论是求职，还是工作，我们都要好好经营着自己的品牌。认真对待每一次面试，就像走上一个舞台中间，接受各种眼光的审视。

《弟子规》中说："冠必正，钮必结。袜与履，俱紧切。"这对一个人的外表关注非常形象与直观。《朱子蒙须知》中提到："大抵为人先要身体端正。"说的是出门前，从头到脚都要检查一遍，扣子有没有扣好，鞋带系紧没有？这都是你示于人前的必须检查。

在香港一家保险公司任高管的司徒先生，受内地某保险公司之邀来商谈一些可能合作的培训项目，在与合作方负责人见面的时候，职业素养良好的张先生被雷到了，那个负责人在专注地介绍着保险业的前景，而张先生却一句话都听不进去，他的思维完全被对方超长的黑鼻毛和肩上落满白花花的头屑打乱了。注重细节和卫生的张先生没有在合作合同上签字，在他心中，这样的人根本不符合他们的合作要求。

英国形象大师玛丽斯皮莱恩曾说："如果你不在早上花点时间注意修饰细节，那么你将会在一天中经受因此而带来的许多不幸。"可见，不修边幅的疏忽会给职场人带来不可弥补、不可言传的尊严伤害。在职场，不修边幅的人永远没有成功的机会。

正是这些不被你注意的日常小节，喧宾夺主地抢去了人们的注意力，那些被你忽视的不良卫生习惯，无声地彻底地拆毁你自以为是的优秀形象。身为职场的你如果还没有意识到这一点，那么你的自尊和对别人的尊重会表现在哪里呢？你又怎能拥有良好的人脉资源？没有这些，你就很难成功。

随着时代的进步与发展，很多管理者逐渐意识到，公司职员的个人形象就体现了公司的整体形象，他们不惜重金进行员工形象培训，有的公司甚至明文规定对着装的要求。在国内很多公司非常直截了当，上班第一天就明确告诉你发型衣着是什么样的，甚至用现成的照片来比照。在外人眼里微不足道的小事，看似毫无回报的投入，却能极快地塑造公司的公众地位和提升公司的品牌形象，毫无疑问，这是一笔巨大的隐性财富。

一家做红酒的私企男职员统统西装笔挺，女职员也画着淡妆不失庄重。这家公司将来一定会很有发展，后来，果然，他家的红酒市场销路非常的好。他们公司那样的着装，工作也一定会整齐划一的，事业自然就会成功了。

对于刚出校门的大学生初进公司，总会有些茫然，这些都属正常范畴。可不管进入什么公司，男士的服装搭配，都要以正装为主。有个简单的衣着公式很适用于男士：西装 + 领带 + 衬衫 + 鞋 + 皮带 + 正装。这其中包含的几项都需要在细节上精心处理，比如颜色、款式，就能打造出专属你的风格。

男士选择的西装一定要合体，质地可以多样，但一定要符合身材，下身的裤子不要过于肥大，感觉像是借来的。西装一定要配皮鞋或者休闲板鞋，但千万不要是运动鞋，尤其是颜色鲜艳的运动鞋。如果没有好的西装，穿戴整齐就好了，身为学生没有人会挑剔你衣服的牌子和贵贱，但混乱的搭配实在是有碍观瞻。领导也不会把企业的工作交付于一个连审美都有问题的人，实在令人不放心。

西装不用准备太多，3 套就可以了，不要贪图便宜买太廉价的，质量和品位根据自己的经济条件来选。不要月薪 3000 元就买 10000 元的西装，你可以选择一个月或者大半月的薪水去买一套西装。这样的投资是值得的。选择好西装的第一件事就是把袖口的商标减掉，还要根据自己的肤色来选取颜色，深色、黑色、灰色是大众色系，也是男士衣橱的必备。皮肤白一些的男士诸如深褐色、深棕色的是不错的选择。

领带以纯色为主，同时也备着两条花领带：深红色斜条纹的和深蓝色斜条纹的，条纹最好粗细混搭，不要太规则。这样搭配什么西装都不会出大错。领带不是每天都要打的，每周打 2—3 次即可。不打领带时，一定要把衬衫领扣打开 1—2 个，这样显得不会太呆板。打领带是个技术活，一定要学会。

穿正装自然离不开衬衫，通常一般 5—10 件，以蓝、白为主，衬衫的颜色一定要比外套颜色偏淡一些，但也要有一件黑色衬衫，留在特别需要的场合用。穿黑色衬衫时记得不要戴领带。切忌衬衫的袖口和领口不要脏，衬衫的设计要简洁大方，不要太另类。

男士的鞋最能暴露个人对着装的讲究程度。鞋跟不要太高，低帮的鞋百搭，高帮的鞋适合比较时尚的男士，颜色最好以黑色为主，棕色也要有一双，白色慎选。最重要的是一定要保证鞋永远是干干净净的。

再说说职场女大学生的打扮。

职场可以说是女孩子争奇斗艳的场所，但绝不是奇装异服、盲目追求时髦的地方。在服装方面需要注意的是，不要穿着暴露或过度性感，所穿的裙子要盖住大腿的 2/3，不要穿泛白的破洞牛仔裤。在穿长裤时，记得要穿丝袜，但以短裤配短袜时，千万不要穿丝袜。

职场着装最好以黑、白、灰、蓝、咖啡色为主，但黑色会显得很沉闷，尽量用别的颜色来搭配衣服。还有很多服装不适合在办公场所穿，比如臃肿的羽绒服，穿毛衣也不要穿太厚太宽松的，居家味太浓，宽松的毛衣最好配一根简洁的腰带。衣服样式要素雅，衣服的花色最好选择有规则的图案，看起来不轻浮。衣料要选择那种不爱起皱的丝、棉、麻以及水洗丝等面料。

初入职场的女大学生，最好选择套装，3—5套备着，颜色以白、黑、褐、海蓝、灰色基调为主，内搭亮色衬衫，优雅利落的套装会给人一种井然有序的印象。

很多女职员喜欢涂指甲油，甚至涂的是几种颜色的指甲油，看起来很不庄重。职场女性一定要买质量上乘的口红，不好的牌子长期使用下来是有害健康的。不要在办公室里当众补妆，也不要经常变换自己的化妆风格。特别的场合，换一种口红的颜色即可。职场最好化淡妆，这个尺度需要好好掌握。

一个大方得体的皮包是职场女大学生的必备之物，颜色不要太花哨与艳丽，惹人侧目，皮包是女人放私人用品的主要工具，所以款型一定要简洁。中型、小型的皮包都要有，以便不同场合配衣服。

职场女性的首饰不宜过分炫目，太长太大的耳环也不适合佩戴，因为在办公场所首饰只是个点缀，不要太奢华和光芒四射，尤其是黄金饰品慎用。首饰以精细款为主，不要粗重感太强的。

以上，是我多年来对职场衣着的一点小心得，供大学生朋友参照。

3.忌仪态不端庄

办公室是工作场所，也是公共场合，身为工作人员，要举止庄重、文明。大声嚷嚷、指手画脚这些比较粗俗的举止，都会为你的形象减分。

我曾经参观过一家生产护肤品的企业，轻松的工作氛围，员工秩序井然地工作，没有丝毫的懒散迹象。他们制服整洁，站有站相坐有坐姿，一看就是受过训练。公司老总说，他每年招聘员工，都要有两个月的仪态规范课，一般企业是很难这么要求，因为企业生产的是与美有关的产品，老总就很重视从外到内的“形象工程”。这样的功课做得很值得，该企业的员工流露出的风度与优雅，真的是令人赏心悦目。

对于一个在职场工作的人，我们需要在以下几个方面来规范自己的仪态。

站姿要表现一种静态美。男职员在站立的时候，要挺胸抬头，显露阳刚之美，双脚大约与肩膀同宽站立，重心自然落于脚中间，肩膀放松。女职员则需要体现出柔和和轻盈，双臂自然下垂或在体前交叉，眼睛平视，面带笑容。站立时不要歪脖、斜腰、屈腿等，给人缺乏自信之感，而且也有失仪态。

谈话时，要与对方保持一定的距离。尽量保持身体的挺直，不可歪斜。双方要互相正视、互相倾听，不能东张西望、看书看报、面带倦容、哈欠连天。否则，会给人心不在焉、傲慢无理等不礼貌的印象。

入坐要轻而稳，女职员着裙装要先轻拢裙摆，而后入坐。双肩平正放松，两臂自然弯曲放在膝上，也可放在椅子或沙发扶手上。双膝自然并拢，双腿正放或侧放。坐满椅子的 2/3，脊背轻靠椅背。起立时，右脚向后收半步而后起立。男性膝部可分开一些，但不要过大，一般不超过肩宽。入座时要轻柔和缓，起座要端庄稳重，不可猛起猛坐，弄得桌椅乱响。

行走时靠右侧行走，遇到同事、主管要主动问好。在行走的过程中，应避免吸烟、吃东西、吹口哨、整理衣服等行为。上下楼梯时，应女士先行。两个人一起行走时，注意不要因并排行走而占据路面。走路时，要轻而稳，胸要挺，头要抬，自然摆臂。

目光是心灵沟通的桥梁。与人交往时，要正确地运用目光，关系一般或第一次见面、距离较远的，则看对方的额头到肩膀的这个大三角区域；关系比较熟、距离较近的，看对方的额头到下巴这个三角区域；关系亲昵的，距离很近的，则注视对方的额头到鼻了这个三角区域。这三个方位千万要正确使用，每次目光接触的时间不要超过 3 秒钟。

小动作要做到完美。递接物品是日常生活工作中的常见的举止动作，但这一小小的动作往往却能给人留下难忘的印象。小动作即能看出你是否尊重他人。如双手递物或接物就体现出对对方的尊重。而如果在特定场合下或东西太小不必用双手时，一般要求用右手递接物品。

握手，让对方感受你的态度。职场与人交往时，通过握手，可以真实地感受到对方的身体信息，通过握手时间的长短、力度等感觉判断对方与你的亲疏态度。

除了以上几点，我们在工作时要注意保持良好的站姿和坐姿，将脚搭在办公桌上十分不雅，也不要斜身倚靠办公桌接听电话，更不能坐在办公桌上面。尽量不在办公室里吃东西，尤其吃瓜子等有响声的食品。谈话时注意身体距离 1 米左右为宜，过近会令对方不自在，也不要过分亲昵地勾肩搭背。

在职场，你的仪态端庄，举止得体，有时更胜过语言达到一种奇妙的沟通效果。仪态可以说是一个人在职场上体现涵养的一面镜子，著名演员杰西卡·辛普森曾说，金发美女说几句无脑傻话就是风情，就是可爱的撒娇。倘若是有“才女”称号的女人也装傻充嫩、撒娇发嗲，便不是风情，而难免与轻浮联系在一起了。所以说，仪态是女人塑造良好形象的关键。

很多女职员有边讲话边拨弄头发的习惯，或许这只是下意识的动作，但如果长发飘飘，头发或头皮屑跟着掉下就不好了。当众整理头发或用手梳理都很不雅观，也会让旁人感觉不自在。还有，在人满为患的电梯间，不要当众拿出小镜子补妆，也不要双手交叉在胸，这些都会让人很反感。

男职员在职场的仪态应该是绅士有礼，在别人面前表现得仪态不佳，轻则会遭到别人的鄙弃，重则会影响你的社交进程。在日常应该注意以下几个方面。

不要让自己身上有异味。有狐臭或者汗腺发达的男士，要与交往者保持一段距离来对话。平日里要喷一些淡雅的香水。喜欢吸烟的男士与人交谈时最好不要吸烟，吸完烟后最好嚼上一块口香糖，去除口中的烟味。有口臭的人，1 日最少刷 3 次牙，单位放一套牙具，用起来方便，以此来消除口臭。

男士要经常打理自己的头发和胡子，这样会使人看上去年轻一些。油皮肤的男士脸上容易长粉刺，因此要注重面部清洁，早中晚 3 次都要清洁面部。

男士的精神面貌直接影响着自己的形象。如果一个男士的外表俱佳，但是眼神黯然无光，神态不振，他的形象也就不过关。所以，要保持一种对生活积极的精神状态很重要。

4.忌迟到早退

遵守自己所在单位的管理制度，对刚走出大学校门的大学生来说，就如同遵守校规校纪一样。这是你身为员工起码的职业道德。每个单位都有自己切实可行的管理制度，身为一分子，你首先就要学习员工守则，以便在制度规定的范围内行使自己的职责，发挥自己的所能。每个员工都应当按照要求的时间准时上班，没有特殊情况就尽量不要迟到早退，保持良好的出勤记录。

有些人会对此很不屑，觉得早 1 分钟晚 1 分钟无关大碍。殊不知这一点很重要，是考量一个员工自律性的重要一方面。设想下，一个单位员工都下午上班会是个什么样子？还能及时处理业务工作吗？还有，单位规定的上班时间是 9:00，有人 8:40 就到了，有人 9:30 到，也有人 9:40 才到。如果单位没有什么重大的事情，上班早晚是没有什么大妨碍的。但是在关键时刻，或许就会因为迟到了 10 分钟，而耽误了重要的工作，就会给单位带来恶劣的影响以及无可挽回的重大损失。

王峰在一家微企的销售部上班，原定第二天与另一家签订新一年购销合同，结果头一天晚上他和朋友在酒吧喝酒回去太晚了，第二天上班路上又耽搁了一下，等赶到单位，足足比约定时间晚了一个半小时，对方已经拂袖而去。迟到的后果就是导致下一年与这家的合作没了可能，对方觉得王峰公司没有诚意和不守时，100 多万元的合同就这样泡汤了。

这是在企业上班不守时的典型案例。如果你是事业单位的公职人员，时间观念就更要加强了。曾经有个很轰动的报道，湖南省衡阳市蒸湘区呆鹰岭镇的 3 名公职人员因为上班迟到，被扣 5 元绩效工资，其中一名公职人员还因为旷工半天，另被扣 20 元绩效工资。此举引发了热议。有网友认为扣罚力度太小。其实扣罚多少不是目的，关键是要有效果。上班迟到早退是公职人员的大忌，你的慵懒散漫不仅扰乱行政管理工作的正常秩序，也影响了政府的形象。

你的迟到早退会带来以下的后果。

你行色匆匆，衣冠不整，会影响包括自己在内的工作人员的工作情绪；

在上班时间有客户或工作派发到你的头上，耽误了处理；

不遵守制度，就业单位会处罚，领导会觉得你工作不踏实；

迟到早退，会给你的职业形象大打折扣。

在迟到早退的问题上，所有的就业单位都会希望员工要有整体和大局观念。从表面上看，迟到早退似乎总是情有可原的，但实际上，无论出于什么样的理由迟到早退，这对你今后的发展都是弊大于利的。特别是刚进企事业单位的新员工，为了使自己早日熟悉业务与工作范围，也为了不给其他人带来不必要的麻烦，应该尽可能地不迟到早退。即使有重要的事情，也应该至少提前一天与单位打招呼，避免迟到早退而耽误了工作。

联想集团曾经为了杜绝开会迟到的现象，专为迟到者设立了一个“迟到席”。开会迟到，对不起，请到特殊席位站上10分钟，然后再归位。

有一家公司，管理不是很严格，迟到现象较严重。公司新来了一位副总经理，他决心在上任之前解决这个问题。一天早上，每一位上班的职员一进大堂，迎面而来的是一位微笑着点头问候的人，这个人从早上7:30一直站到9:00。第二天，一张微笑的面孔如期而至。第三天，那人依然微笑着出现在眼前。但这时，他离开的时间显然比第一天早。直到有一天，那个人终于可以在8:00准时离去时，职员也终于知道了这个人就是他们新来的副总经理。

那么在生活中要如何克服爱迟到的习惯呢？

那些爱迟到的人，要学会安排时间。这就需要给自己制订一个严格的时间表，或者随手带一个记事本，把工作安排、与客户见面时间都标注清楚。这么做可以时刻提醒自己，以便留出足够准备时间。这样你就会做好准备去应对约会，还会缓解以往造成迟到的恐惧心理。

爱迟到也是一种心理作祟，觉得这没什么大不了的。不如换位思考下，把自己放在对方的角度考虑下，当你被迫等待时，会有怎样的感受？或者从中你会懂得尊重他人的重要。同时，为了如何克服爱迟到的习惯，要多做心理调节。别因为爱干净就多整理了一会儿家务，结果耽误了出门，也别因为化妆多占了一些时间而没赶上车……将就一下，克服自己的焦虑情绪，迟到便会减少了。

实在不行，就找个监督者吧，告诉你身边的人，你要改变迟到习惯，让他们多监督和提示。或者在自己手机里做提示语音，时刻告诉自己不要迟到。并且做到不迟到时，给自己一点物质和精神上的奖励。让自己感受到遵守时间的快乐。找监督者有助于培养自己的自律性。一旦发现自己该做的事做不到；不该做的事，倒去做了，及早找到这个同伴，帮你建立自律，愈早去对付它，就愈容易成功。

在韩国三星数据系统（北京）有限公司，所有员工每年拿的都是一个固定数字的薪酬，没有单独的加班费，也没有奖金，而年薪的等级和数额是一年考评一次，调整一次。公司员工认真负责、兢兢业业，这是为什么，答案是自律。

5.忌开会不关机

曾经去参加一个企业新产品研讨会，可令人不爽的是，在研讨会期间，总是时不时有悠扬的手机铃声响起，不仅正在讲话的领导受其骚乱，连与会的同志也不胜其烦。一直到研讨会结束，这种手机干扰也没杜绝。其实，在开会这种很严肃的场合，要保持会场的安静和有序很简单，只需在入场时关掉手机即可。

可就是这么一个小小的动作很容易就能做好的小事情，却屡屡成为困扰会议正常进行的大问题，个中原因无非是缺乏文明素养和没有全局观念。在职场，我们不仅要关注自己的仪表，还要注意细枝末节，一个人成功与否在每一个小事情上都能得到印证。会议场合需要安静有序，会前你就要把干扰因素处理掉，小事情大道理，为什么非要等到铃声响起，大家面面相觑才要神色慌张地去关机呢？

网上有个新闻，说的是福建省省长在主持召开再就业工作座谈会时，主席台下不时响起各种铃声、音乐声。这位省长终于忍不住放下手中的讲话稿，沉下脸说：今天在座的都是各个部门和大企业的领导同志，我说的也是人命关天的事，只要大家有起码的常识，就应该掂量得出这个会议的分量！他语重心长地说，尊重他人、遵守会场秩序是每一个有文化、有修养的人的基本素质。

我们都知道，手机是个人私属物品，一般会议场合是不可能统一收起的。一个注意自身形象的人是不会在公共场合引起别人关注的，一个有着良好修养的人是不会因为自己的疏忽而影响集体的氛围和打断别人思路的。“开会时请将您的手机关掉！”这样的提示，多半是发生在会议开始前的几分钟，或者以书面的形式，写在会议安排里。无论是口头要求，还是书面规定，都应视为一种制度，需要大家共同遵守。

有个聪明的企业，曾购置屏蔽设施放在会议室里，限制手机的呼入呼出。可好景不长，现代电子产业发展日新月异，手机功能日臻完善，反屏蔽手机很快就实现了突围。

有个在外企工作的朋友介绍了一个值得借鉴的好办法。他说，有很多外企按照惯例，会在每一个会议室都配备一个长条桌子，上面摆放一个个的小篮子。每一个走进会议室的人，很自然地将包里或是口袋里的手机拿出来，关掉，放进不同的小篮子里，记住号码，然后才坐到自己的位置上，准备开会。无论会议开多长时间，始终保证听不到一声手机的铃响。这个小小的程序，充满了人本主义的光芒，它把提醒关机的信号和限制拨打的命令统统存放在一个温馨的小篮子里，既安全又随意。

我们生活当中有大批的“手机依赖症”症候群，这些人是手机的奴隶，手机忘带心烦意乱、半天没消息就感到不安……手机成瘾者关机一刻都会感觉世界末日来临一般。开会关机更是要他们的命。所以，必须让他们与手机适时“脱敏”。

无论是在社交场所还是工作场合随意地使用手机，已经成为文明礼仪的大忌，手机礼仪越来越受到人们的关注。那么，职场上正确地使用手机礼仪有哪些呢？我们在这里一一介绍下。

在单位的楼梯、电梯、走廊等地方，不可以旁若无人地使用手机。

在会议中、和别人洽谈的时候，最好把手机关掉，如果怕错掉重要电话也可调到震动状态。这样既显示出对别人的尊重，又不会打断发言者的思路。

在工作餐的餐桌上关掉手机或是把手机调到震动状态也很必要。不要正吃到兴头上的时候，被一阵烦人的铃声打断。在公共场合打手机，应该尽可能地压低声音，绝不能大声说话。在会议中、和别人洽谈的时候即使用手机接收短信，也要设定成静音状态，不要在别人能注视到你的时候查看短信。一边和别人说活，一边查看手机短信，也是对别人的不尊重。

无论在什么场合，手机在不使用时，最好放在合乎礼仪的常规位置。放手机的常规位置有：随身携带的公文包里，上衣的内袋里；腰带上的手机套里。开会的时候手机应交给会务人员代管，也可以放在不起眼的地方，如手边、背后、手袋里，但不要放在桌上，女职员可用挂链将手机挂在脖子上悬于胸前，或系于腕间，不仅使用方便也可起到装饰作用。

由于网络技术的进步与发展，铃声不仅可以从网络上下载，而且变化多样，乐曲、歌声、仿人声、仿动物叫声应有尽有。年轻人的铃声设定应健康活泼，彰显青春活力，应避免粗俗和低级的铃声。

工作时，给对方打手机，尤其当知道对方是身居要职的忙人时，首先想到的是，这个时间对方方便接听吗？而且通过对方的环境辨别对方是否可以长谈。不论在什么情况下，是否通话还是由对方来定为好，所以“现在通话方便吗”？通常是拨打手机的第一句问话。

开会的时候请把你的手机调到震动。尊重自己也请尊重他人，让我们大家一起构建一个安静的开会环境！从小事做起，赢得他人赞誉！

6.忌见人不打招呼

见面打招呼、问好是人们交往中互表友好和认定的一种方式，打招呼也是人际交往中最简便、最直接的礼节，让对方感受到你的善意和礼貌。职场中，上下级之间的交往不可避免，尤其是下级，遇到领导应给对方一个礼貌的招呼和得体的回应，这是职场人际交往的基本要则，也是职场社交礼仪的基础。很多就业单位很注重员工的问候礼仪，遇到领导多数都会选择主动与领导打招呼，或是一个礼貌的微笑。

有这样一个职场例子：两个同时进入单位的年轻人，半年过后，一个升职为部门经理，另一个依旧是普通员工。他们职场命运的差异并不是因为能力有多大差别，而是因为日常处事细节的差异。前者见到领导和同事都会主动打招呼，因此给大家留下了热情自信的印象；而后者见了领导躲着走，见了同事装作没看见，因此给同事和领导留下没有礼貌、不合群的印象。如此一来，职场命运出现如此差别也是意料之中的事。你不主动向领导和同事打招呼，对他们来说并无任何损失。可是对你影响却大了，你不仅得不到领导的认可和赏识，也不能和同事拉近距离，在这种情形下怎么会得到提升呢？

有很多职场新人在进入新环境中往往不知所措，由于跟同事不熟，上班遇见同事都不知如何问候，更别提该注意哪些礼仪细节了，甚至有些对“老师”“老总”等称呼都不知道该如何选择。其实，职场新人大可不必这么烦恼，平时多留心，多观察身边事物，一个简单的问早与道别，就可拉近上下级、同事之间的关系。打招呼是人际关系之初很好的润滑剂，但是用何种方式问候、打招呼才得体，才不失礼，也是要分场合的。

进入办公室，应向你身边或经过你办公桌的人主动打招呼，无论是同事或者是老板，都要一视同仁。对非常熟悉的同事就不必拘束，用相互了解及喜欢的方式打招呼即可，切忌在工作场合叫对方小名、绰号。若遇到同事向你打招呼或是目光相遇，你应适时地点头、微笑，视而不见是最不礼貌的。特别是那些和自己资历、职位差不多的同事，在正式场合，就要使用正式的称谓。而在聚餐、晚会、活动等娱乐性的场合里，则可以随意一些。

职场新人初涉职场，主管会给你介绍本部门的同事，相互认识后，一时之间不可能凭脑袋记住所有人。因此，随身携带一个小记事本，大体记下一些同事的姓名，有必要还可以在姓名后加上长相特征、所负责的工作等注解。

在一些非工作场合，例如电梯、楼梯间、走廊上，遇到领导要主动大方地打招呼，这种情况下，老总一般都会表现得较有亲和力，肯定会给你正面的回应。这时可以简单地问候一下，或聊一些普通的事。万一领导的反应十分冷淡或根本不理，那么以后见面只需礼貌地打声招呼即可。切忌不要在这些地方和领导大谈公事，以免使人讨厌。如果在洗手间遇到领导，不要刻意回避，简单地问声好。千万不要假装没看见把头低下，给人不爱理人的印象。最好不要与领导在同一时间上洗手间，特别是在洗手间特别狭小的情况下。

一个学员曾经给我讲述一个“走廊事件”，说的是一位职场新人在走廊里遭遇董事长时有失礼节，被公司解聘了。这个事件导致相当长一段时间的部分职员的恐慌。那么，在职场怎样主动打招呼呢？其实，我们完全可以通过打招呼提升自己个人魅力。

打招呼是沟通心灵的方式和增进友谊的纽带，而有效的打招呼，应该是积极主动地跟别人打招呼。主动打招呼所传递的信息是：“我眼里有你。”谁不喜欢自己被别人尊重和注意呢？见了领导主动打招呼，说明你心中敬重领导；见了同事主动打招呼，说明你眼里有同事；见了下属主动打招呼，说明你体恤下属。如果你主动和单位的人打招呼持续1个月，保证你在单位的人气会直线上升。

有人认为，主动跟别人打招呼代表比别人低下，其实恰好相反，主动打招呼说明你有宽广的胸怀和积极的人生态度。大官随和易见，主动跟下属打招呼，是其自信的表现；小官故意端架子，正是他生怕别人不承认他的权威，这也恰恰显示出他的不自信。每个人都希望别人看到自己的自信，那么我们就应该首先养成主动跟别人打招呼的习惯。

对于那些被冷落的人，一声主动的轻声问候对他意义非凡。例如有些领导在位时被人前呼后拥，别人见面都主动和他打招呼，而退休之后“门前冷落车马稀”，他便更加在意别人对他的问候。这时，一个问候对他非常珍贵，会给他留下深刻的印象。

另外，在社交场合，一些普通的参与者经常被冷落在一旁，而人们只关注显赫的成功人士，此时，我们应当主动地关心和问候普通参与者的内心。比如，在餐桌上，除了赞美老总之外，还要顾及司机，一句“师傅车开得很好”，会让司机开心，老总也会觉得你做事周全，赞美一个人的下属，其实也是变相地赞美这个人。

三、工作篇

1.忌不爱学习

在职场，你学到的知识结构并非一劳永逸，如果不学习，几年后你就跟不上时代的步伐，设想一下，每个行业都存在那么多的同行竞争，要想保持自己的竞争优势，就要有“活到老，学到老”的生存心态。正如莫言说的：“当你的才华还撑不起你的野心的时候，你就应该静下心来学习。”如果你原来的基础是个点，从这个点往外跑，会跑出一条线。如果你原来的基础是一段弧，你不得不维持一个面，那么你就更需要不断学习了。

这是一个不断学习的年代。

比尔·盖茨说：“如果离开学校后不再持续学习，这个人一定会被淘汰！因为未来的新东西他全都不会。”我们翻遍所有成功人物的攀升轨迹，不难发现，最重要的就是他们不断充电学习，为自己加值。台湾润泰集团负责人尹衍梁的经历可以说是充满传奇，他认为让自己从不良少年脱胎换骨的关键就是不断学习，因此他非常重视干部的学习，他手下用的博士、硕士之多，堪称名列企业界前茅，这些干部的学习历程多是在一边工作一边进修完成的。

进修，在失业率高涨的今天，已成为保住饭碗，甚至是获得升职的必要条件。一个人在校园学习到的知识很有限，著名的统计学者柴松林就说过：“念完100本专业书籍就可以拿到博士，很多人从此不再念书了。”这样的博士恐怕在现今的职场，越来越没有生存空间。必须不断学习，才不会沦为失业族。

在职场中最常见的充电需求往往是面临职务转换之际。例如：从行政工作转换成业务工作，工作性质完全变了样，从原本熟悉的领域进入一个全新领域，此刻只有立刻进行充电，才能胜任。台湾怡富资产管理台湾区负责人宋文琪就是一个很好的例子，她第一份工作是秘书，其后她在职场生涯中曾面临多次职务转变，经常被派到一个全新领域，但最后她都能胜任且表现突出，并再获升迁，这都归功于她不断学习充电的结果。

不仅在知识方面进行充电与学习，还要在其他方面进行学习，用以增加人脉。比如练习写毛笔字，学习打高尔夫球，这些都是促进业务的加值法。还有刚毕业的大学生去剧场训练表达能力，以及学国标舞，都是为自己储备能量的充电方式。学习技能未必是有特定的目的，它可以内化成为个人的知识，好比说学星座，原本只是一种兴趣，但如果遇到喜欢谈星座的客户，有共同的话题，就可以拉近彼此距离。

此时此刻，如果你从没认识到要不断学习、充电，那么你已经开始被淘汰了。职场总不断有新血液增补进来，且每一代都卧虎藏龙，我们应顺应职场永久的变化。如果你以为还能啃“老本”那就大错特错了。

未来社会只要两种人：一种是为工作和学习而忙的人，另一种是专门找工作的人。如有多种技艺防身，想有高薪工作并不难。随着知识、技艺的折旧越来越快，不每每经过培训更新，顺应性自然越来越差。未来的求职竞争将不再是知识与专业技艺的竞争，而是学习能力的竞争。

职场怎样学习才能保持“电力持久”？

职场是个大课堂，我们在这里主要学习两种本领，一种叫硬技能，例如计算机语音、软件使用；另一种叫软技能，比如项目管理、销售技巧。对于软技能，渐渐你会发现，随着自己位子越来越高，团队越来越大，软技能会越来越重要，它是保证你团队沟通、高效完成工作的法宝。硬技能往往每个人天资不一样，学到一定程度就会遇到瓶颈，而软技能却总有提高的余地。想想自己最想学些什么，给自己制订一个学习计划吧！

辞职去充电。有很多职场新人工作一段时间，就又重新走入校园，就如同放一个长假，让自己好好充充电。充电过程中，会为自己重新进行职业规划，读几年书，看起来花了一些时间，其实是积淀和蓄势待发的过程。趁年轻、精力充沛时去学习，扩充一下知识，为的是迎接更多机会。这几年时间花得值得。

有的职场中的人是因为学历不够来考取各种证，有的是觉得自己的工作“可替代性”较强，需要不断学习来充实自己，还有的就是选择兴趣方向，为的是充实生活。需要注意的是，不要盲目跟风充电学习，如果学习后没有多大作用，就不要浪费时间了。充电又不是为了一个漂亮的证书，而是为了学到一些真正有用的知识与技能。

不要认为学习后就立竿见影。带着这种心理与目的充电往往都不会成功，短期内投入一点时间、精力，就渴望迅速更新知识结构，获得巨大的进步，显然是不现实的。带着这种功利想法，学习只能以失败告终。只有那些态度端正，结合自己兴趣的充电才能有所收获。

职场上的充电学习是很难坚持的过程，在学习前一定要制定个目标，给自己一定的压力，在不同时期完成一个小目标，这样才会有效果。还有一种学习是与身边的同事、同行交流与沟通，借鉴他们丰富的经验，这种学习更见效。此外，还可以加入一些专业圈子，遇到专业问题时，拿出来讨论，这种“充电”更有针对性，效果往往更明显。

2.忌没有执行力

在谈执行力之前，我来给大家讲个故事。

一群老鼠长久以来被一只猫不断猎杀，数量不断减少。为了改变这个状况，它们召开了全体鼠民大会。鼠王以很有权威的语气说道：“如果不解决那只猫，我们终将会沦为它爪下的玩物，所以我们目前急需要解决的问题，就是如何躲开它。因此我准备了一个铃铛，如果能把铃铛挂到猫的脖子上，一旦猫靠近我们，铃铛就会发出声音，听到铃铛声后，我们只要躲到安全的洞里就可以了。”鼠王说完，大家你一言我一语，赞美这真是个好主意，可是，很快，会场变得寂静无声，大家苦恼着该派谁去帮猫挂铃铛呢？

这个故事里面谈到的就是执行力问题，所谓的执行力就是按时、按质、按量去完成上级交办的工作任务。显然，鼠王手下没有一个可以执行它命令完成任务的老鼠。那么，对于一个企业来说，同样需要具有执行力的员工的管理者。不论是团队还是个人，都需要有执行力的人，执行力是一切经营管理的核心和管理的驱动力。如果没有坚定的执行力，再多的企业愿景也只是空想；再好的决策，也将付之东流。

还有这样一个小故事。

耶稣带着他的门徒彼得远行。在途中，他们发现了一块破烂的马蹄铁。耶稣让彼得把这块马蹄铁捡起来，但彼得懒得弯腰，假装没有听见，耶稣自己弯腰捡起了马蹄铁，用它在铁匠那儿换来了 3 文钱，并用这些钱买了 18 颗樱桃。出了城，师徒二人继续前进。他们经过的是茫茫荒野，土地干涸。耶稣猜到彼得渴得厉害，就把藏在袖子里的樱桃悄悄地掉出一颗。彼得一见樱桃，赶紧捡起来把它吃掉。耶稣边走边“掉”樱桃，彼得也就只得费力地弯了 18 次腰。耶稣笑着对彼得说：“如果一开始你能按我要求的做，你只要开始时弯一次腰就行了，就不会在后来没完没了地弯腰了。”

通过这个故事我们可以看到，一件事情没有执行好，就会涉及很多方面，这是执行力不强带来的负面影响。所以，公司制定管理模式时，只有严格执行才会发现问题，如果执行不到位或者根本执行不下去，管理层就永远发现不了问题所在。所以说一个人不仅要会做还要有工作意愿，充分发挥自己的主观能动性和责任心，在接受工作后应尽一切努力、想一切办法把工作做好，按时、按质、按量来完成。

我在给就业大学生讲课时，经常说这样一个例子：张三和李四同时受雇于一家店铺，拿同样的薪水。一段时间后，张三青云直上，李四却原地踏步。李四想不通，老板为何厚此薄彼？老板于是说：“李四，你现在到集市上去一下，看看今天早上有卖土豆的吗？”

一会儿，李四回来汇报：“只有一个农民拉了一车土豆在卖。”

“有多少？”老板又问。

李四没有问过，于是赶紧又跑到集上，然后回来告诉老板：“一共 40 袋土豆。”

“价格呢？”

“您没有叫我打听价格。”李四委屈地申明。

老板又把张三叫来：“张三，你现在到集市上去一下，看看今天早上有卖土豆的吗？”

张三也很快就从集市上回来了，他一口气向老板汇报说：“今天集市上只有一个农民在卖土豆，一共 40 袋，价格是两毛五分钱一斤。我看了一下，这些土豆的质量不错，价格也便宜，于是顺便带回来一个让您看看。”

这个故事表明我们不仅要把一件事做到符合领导的要求，更要摸准领导的深层意图，并把领导意图的事情都做到。而一个好的执行力就是在领导想到的时候，你已经做了，在领导没想到的时候，你已经想到了。

在美国西点军校遇到军官问话，只能有四种回答："报告长官，是""报告长官，不是""报告长官，不知道""报告长官，没有任何借口"。除此以外，不能多说一个字。"没有任何借口"是美国西点军校奉行的最重要的行为准则。体现的是一种完美的执行能力，一种服从、敬业的精神。在现实生活中，我们缺少的正是这种人：他们想尽办法去完成任务，而不是去寻找借口逃避。

那么职场中，如何提高个人的执行力呢？

在职场中，拖延症可以说是执行中最大的阻碍，也是职场新人的大忌。

心理学家总是把拖延症归于一种习惯的养成，并由此在拖延过程中产生各种负面情绪。为了消除这种拖延症提高执行力度，我们在接到任务的同时，就要迅速判断这件事自己能完成否，如果不能很快完成，就要迅速找到能完成的部门或者人，这也等于事情有了结果，这个判断很重要。我们做事情提升执行力的原则就是养成一个结果习惯。做任何一个事情，要出现一个结果之后，才算告一段落。

执行力强的人都是自我约束比较强的人，一旦定下"今日事今日毕"的规则，就会坚定地执行下去。他很了解自己的生物钟，知道什么时候精力最集中，什么时候需要调整和休息。他做事有自己的套路，掌握高效工作的方法。最关键的，他知道想要达成什么结果，什么是重要的，什么是可以被忽略的。一个追求完美的家伙往往因为要面面俱到而导致忽略了"重点"。

向身边你认为执行力强的人学习他们的做事方式。

执行，不管有多难、多么不情愿，先"做"起来，别有"万事俱备，只欠东风"这种想法，边走边看，目标才会越来越清晰，离终点也就越来越近了。

提高执行力的关键在于，每一名员工真正明确和履行各自的岗位职责，在其位、谋其政，心往一处想，劲往一处使，形成执行合力。要进一步树立大局意识、责任意识和学习意识，加强理论知识和业务技能学习，全面提高自身素质，充分发扬兢兢业业、任劳任怨的精神，扎实高效地干好自己的本职工作，不折不扣地落实上级精神。

3.忌“差不多”就行

在职场，总会存在这样一些员工，他们每天按时上下班打卡，但是却没有在工作时间及时完成工作；他们貌似很忙碌，却没有把工作做到位。还有一些员工只管上班，接受命令却总是无疾而终，应付了事是他们工作的态度，把事情做得“差不多”成了他们的行为准则。他们的人生字典里没有“认真”二字，究其原因，就是“打工嘛，反正不是为自己干，差不多就行，何必太认真呢”。这种典型的打工心态在作祟。

“差不多”这个词已经成为人类各项事业的天敌，这就需要我们唤醒和激发我们藏在内心深处，那种追求认真、完美态度的主人翁精神。很多职场中人认为自己的工作无足轻重，不值得全身心投入，工作只要做的说得过去即可，反正没有人挑出毛病，于是，这种“差不多”的思想导致的最后结果却是“差多了”。

工作中，“差不多”的事情一抓一大把：工厂工人打包不方正，差不多就行了；检验疵点没标识，差不多就行了；管理人员检查考核不认真，差不多就行了；不肯算细账，质量差点、成本高点，差不多就行了；遇事不求过得硬，只求过得去，对人对己差不多就行了。其结果是敷衍了事，产品送到客户手上，不是退货，就是索赔，使工厂失去客户，丢掉市场。既害了他人，又害了自己。

尤其做财会工作的职员，必须保证正确填写了各种账簿和票据，任何一个都不允许有一点差错，必须做到100%正确，这才叫“到位”。很多员工在工作中不注意，认为工作做得差不多就行了，曾经有个工商行储蓄所的职员，在为客户办理定期存款业务时， 将一笔1万元定期存单错误打成10万元的定期存单，给银行带来了严重的损失。她工作得不认真、不到位，单位就不得不为她做事的不到位而付出代价。

如果你从事的职业是安全方面的，就更要时刻牢记你的行业标准，切忌不要有“差不多”心理，你对工作有一丝一毫不负责任的表现，就会形成习惯性违章，造成生产中的安全隐患。还有岗位上的松懈也会让你放松对自己的要求，对安全管理规定淡漠甚至忽视，慢慢就会习惯于凭经验工作，而不是从根本上注意安全、重视安全，这必然会导致在工作中产生安全隐患。

有一家企业引进了德国设备，德国工程师在设备安装调试验收时，发现有一个螺丝歪了，我方的工程师却认为这没有什么大不了的，所有六角螺丝的紧固度不可能都一丝不差，差不多就行了。德国工程师却坚持说：“六角螺丝歪了，是因为在拧这个螺丝的时候，没有按规范标准进行操作。”后来的调查发现了是我方安装工人的问题。按照技术操作标准要求，上这些大螺丝需要两个人共同完成，一个人固定扳手，另一个人拧螺丝。可是我们的操作却是一个人上螺丝，另一个人在休息。

古人云：“行百里者半九十。”意思是你走一百里，走到九十里，才走了一半，最后十里的重要程度占到一半。所以说事情好坏，或成败往往就在那么一点点，真正的差别也就在那么一点点，你多做一点，他少做一点，就成了差距的所在。

与“差不多”对应的就是“认真”。日本自明治维新开始，逐步走向世界强国行列，靠的主要就是“认真”二字。如果告诉一个日本人，让他把碗洗 6 遍，他一定会不折不扣地这样做。而一个中国人可能洗 5 遍，甚至洗 2 遍就算了。

“认真”和“差不多”一样也是会蔓延的。一个对自己要求严格、做事认真的人，他的方方面面也同样会一丝不苟的。例如，乔布斯就是一个典型的例子，他是一个完美主义者，其实追求完美就是做事认真。所以不管在软件、硬件或是产品结构、工艺材料甚至广告设计上他都不做任何妥协，也正是这种认真做事的工作态度最终成就了苹果的产品。

那么，如何戒掉“差不多”这个坏毛病呢？

首先就要培养细心的好习惯。在工作和学习中，我们应当有意识地坚持高标准、严要求、讲究条理，事情做完之后要认真核对、检查。如果长此以往，就会“习惯成自然”。

错误的习惯不是短时间内就能改正的，所以首先要有改变错误习惯的信心和耐心。针对自己的陋习进行一系列的纠错安排或者让身边的朋友随时提醒你。当然错误是不可避免的，我们可以尽量减少错误的发生，有了错误就有了经验，下次就不会再犯，只要不重复犯错，就好了。

在工作中我们要学会总结，把所有的工作错误和漏洞汇总一份，这样下次就不会再犯类似的错误了。时刻牢记：差一点儿就是差很多，无论是经营企业还是做任何事情，细节决定成败是一项放之四海而皆准的信条。

工作中总有一些看上去无关紧要的小事，对待小事上的一丝不苟可以使员工养成良好的工作习惯，从而开拓出职业生涯更为广阔的明天。在这个竞争激烈的时代，只有善始善终、一丝不苟工作的员工才能是职场中的佼佼者。

4.忌没有计划

工作需要计划，工作单位也需要计划。一个人有无作为就看你会不会制订计划，一个企业有无高效率，也是看企业领导会不会制订计划。计划制订得好，目标明确，就有效率保障，计划制订得不好，效率就低下。从没有听过一个企业没有严密的计划就有高效率，并且得以发展，在实际中是不可能的。

曾经有家微小企业提前一周与我联系约我讲课，于是我安排好了时间，没想到一周后，这家微小企业又与我联系，说想定下个月的 5 日，让我务必留出时间，于是我叮嘱我的助理把他家的讲课时间改到下个月 5 日。还没有到下个月的 5 日，我就又接到他家的电话，说 5 日不行，单位要集体出去旅游，讲课的时间还得往后推迟。就这样，需要讲的课被一直延迟，一家企业经常改变学习时间，就是计划不周带来的后果。可想而知。他们做事业靠谱不到哪里。

一个企业发展与否，首先就看这个企业组织效率的高低，计划是否严密。没有计划就不能给市场把脉，没有计划就不能组织有效生产，没有计划就不能按时交货，没有计划就不能高瞻远瞩，决胜千里。按计划进行是企业的发展索引，任何单方面的改变都会给项目的如期完成带来不利影响或不良后果。所以说，计划是连接目标与目标之间的桥梁，也是连接目标和行动的桥梁。

对职场中人来说，工作计划是你提高工作效率的一个前提。一个企业的计划有年度计划、季度计划、月计划，这些计划明确了我们企业这个月要完成什么任务，这个季度要完成什么任务，以及当年要完成的任务。同样，我们的工作也有这样的计划，我们要明确这个月要完成什么任务，然后把任务进一步细化成周、日，就是这周要完成哪些任务，今天要完成什么任务，明天要完成什么任务。

那么，如何制定一个高效的工作计划呢？

在进行制定工作计划前，要有一个整体的工作量的估计，这时要粗略估计项目的每一个模块的工作量及难度，做到心中有数，制定一个粗略的计划，计划出哪个时间段内要完成哪些工作。估计完工作量后，还要根据项目组成员的个人能力来分配任务，这其中要考虑到个人的能力问题，还要考虑到每个人的习惯，这样对于一步到位的人，可以基本模块工作时间放长一些；对于喜欢粗略完工，再解决小问题的人，要留出他完善系统的时间。

根据以上两个因素，可以大概进行计划安排，以周为单位，安排一周的工作，在这一周当中也要及时检查项目的进展，了解有没有难度，进展是否顺利，如果因为前一周的工作没有完成，要充分分析原因，及时调整计划。这时周计划变了，那么在排下一周计划时，要把这些滞后完成的工作和后边的工作合起来，重新调整工作计划。如果在执行计划当中，遇到了困难，在有限的时间内你没有想出有效的解决办法，就要及时借助大家的力量来集中解决，千万不要因为一个难题就耽误整体的进度，这样是得不偿失的。

计划对于人生来说相当重要，如果你在计划上失败了，那你注定会在执行上失败。没有计划的人生杂乱无章，人生就会没有方向。即使将来的所有情况都是确定的，你还是得做计划。你必须选择完成某一目标的最好方法，使行为更有效率。

任何一个理财能手也一定是个有计划的人。企业会计进行成本核算，提供的资产负债表、损益表等，就成为经理们进行计划的依据，有计划地安排每一笔支出是很重要的。而没有计划的经理则经常处于捉襟见肘的境地，不该支出的地方支出了，该支出的地方却没有支出。

就连一家之主也必须是一个有计划的人，家庭的各种开销还得精打细算，不要一时头脑发热将钱全部花光，而后的日子靠借债维持。

那么，如何制定你的个人计划呢？

在每年的岁尾，抽一个空暇的时间。在电脑上新建一个百度脑图，或者直接拿出一支笔和一张 A4 纸，把你的目标写下来，关于这份梦想计划，不要限制自己，完全按照自己希望的去写。

接下来就要筛选你的目标。你必须筛选那些对你来说最需要的目标。目标不需要太多。将你清单里面的目标分类，按照类型进行归纳。思考：回顾过去的一年，对自己进行一个定位，结合自己的定位按照重要顺序排列你手上的愿望。把你自己会的技能按照熟练程度罗列一张清单。然后在此基础上对比你的目标，把它们分解成一个个步骤。在过程中，确定你是否有技能和能力去实现目标，如果没有，把这些需要的技能设定为你的新目标。

分解好你的目标之后，就要分配具体的资源。你全年可用的时间不超过 3000 小时，把你的时间效益的最大化就会让你的目标变成真实的结果。根据每个技能分解的步骤和难易程度预估你的耗时，就像制作一个课表一样。并且确保在你的日程表和任务清单中添加你的行动计划。然后按月检查你的实施情况，设定每个月的目标也是一个很好的方式去建立你的时间表。

别再找借口说很忙没时间了，有计划才有实现的动力，还等什么，现在就行动起来吧。

5.忌不会协作

如今这个时代，已经不是一个单独打拼的时代，而是一个整合的时代。只有真诚合作，才能产生“众人拾柴火焰高”的效果，否则只能是化解力量，增大内耗。所以，在工作中就要真诚合作、相互支持，要为同事的工作尽可能地提供方便。

我们讲团结协作精神，经常会以群狼狩猎作例子：一只狼并不可怕，但当狼以集体的力量出现在攻击目标面前时，却表现出强大的攻击力。在狼王的指挥下，每只狼都有自己的任务。对于自己的任务，每只狼都要无条件地执行，即使是为了试探对手的实力而佯攻的狼也一样毫无怨言。正是由于它们明白这一点，才使它们更加紧密合作，因为它们知道，只有合作才有食物吃。狼的“团结协作精神”完全可以运用到我们的工作中去。在工作中我们要吃苦在前、享受在后，要勇于分担重担。不能只考虑自己的一点感受，不能当自私自利的人。

一个团队，存在的目的就是展现其整体优势。团队是每个成员的发展基础，作为团队一分子，我们只有把自己融入团队中，与其他成员通力合作，才能求得生存空间的最大发展，凭借集体的力量，为己所不能为。当今社会，个人英雄主义的时代已经一去不复返了，因为靠个人单打独斗的方式已经无法赢得市场的决胜权了，只有通过团队的合作力量才能提升企业整体的竞争力，这也就是大家常说的 1+1 ＞ 2。

我们知道德国足球队被誉为“日耳曼战车”，战车要前进，需要的就是共同协作，在这么出色的球队里，我们很少发现有技术超群的个人球星。一位世界著名的教练说：“从整个的球员看，德国队是脆弱的，可是他们 11 个人就好像是由一只大脑控制的，在足球场上，不是 11 个人在踢足球，而是一个巨人在踢，于对手而言那是非常可怕的。”这就是德国队所向无敌的秘密所在。其实放在职场上也一样，每一项工作都需要有别人互相信任，进而团结合作。只有这样才能享受到成功的喜悦。

好的团队就像一台机器一样，有条不紊地运转，这样才能生产出更好更多的产品。一个单位就像一个小社会，大家工作相对独立但又有千丝万缕的联系。要把每件工作都做好，需要所有同事的互相合作，如果各自为政，大家只能“共享”失败。

那么，怎样才能在职场做到团结协作呢？

职场中人都是个性迥然，工作作风不同的，但为了实现共同的目标，都要以大局为先，求同存异、互相包容，共同完成工作任务。切实做到不利于团结的话不说，不利于团结的事不做。在不违反原则的基础上，调动一切积极因素，为一个共同的目标而努力。有时，同事间也存在钩心斗角，彼此把对方当成对手，处心积虑地拆台使坏，攻击对方。要知道这种损人不利己的行为，只能导致两败俱伤的结局。职场没有永远的朋友，也没有永远的敌人，只有相互依存，协同作战才能够取得双赢。

要学会以理解的眼光看待他人，学会宽容他人的过错，不要总按照自己的想法要求别人，改变好心态，要学会宽容他人，体谅他人的缺点，以此来赢得同事的信任和尊重。同事之间要学会沟通，工作中遇事要先打招呼，减少不必要的误会，这样执行起来才会顺利，更有利于工作的开展。要换位思考和包容。我们每个人都是一个独立的个体，都来自于不同的家庭、受到不同的教育，有不同的兴趣爱好、脾气秉性，对事物的看法会有诸多的不同，有时思考问题的角度不同，就会产生不同的认识。所以很多时候我们要做到将心比心、换位思考。

切忌不要在同事之间互传隐私等小道消息，也不要背后说领导的坏话。我们要多在背后说一些赞扬别人的话。还有我们不要做“传话筒”。如果我们在同事之间听说了什么事情，切勿在同事中传播。因为有时候传播的老师可能是无意识的，但是“说者无意，听者有心”或者正是“无意”变成了“有意”，有时候会破坏同事之间内部的团结、和谐的稳定。

工作中，同事之间必须要相互了解、相互理解。如果希望自己被他人了解，就先得学会听他人的倾诉。只有愿意了解他人的人，他人也才愿意了解你。倾听就是相互了解的重要途径。要学会主动关心与关怀。同事之间哪怕是一句简单的问候，也会让大家觉得很温暖。同事之间生活上有困难需要帮助的时候，我们就伸出援助之手。

要学会看到别人的闪光点。每个人身上都不乏优点，特别是对待同事，永远要学其所长，就会成就自我。我们要学会感恩，学会尊重，只有这样自己就会发现，幸福的生活与快乐的工作，原来离我们那么近。更要感恩那些给自己提意见的人。那些能真诚地给你提出意见的人是真正希望你进步的人。

一滴水，只有溶入大海，才永远不会枯竭，一个员工，只有充分地融入整个企业，他才能创造最大的经济效益。“同心山成玉，协力土变金”，只有懂得团结协作的人，才能明白团结协作对自己、对别人、对整个企业的意义，才会把团结协作当成自己的一份责任。

6.忌借口满满

在职场，你身边总有一些这类人，他们饱含精力，穿梭在办公场所，一旦分配下任务，他们就会编织各种借口来推延，他们这么做无非是为了推卸责任，减轻压力。这类人不在少数，在职场上，随时随地都在发生。其实，没有任何一种借口可以站得住脚。给自己找借口是一种不道德的表现，也就是不敢承担责任，所以也不会有什么进步。

借口其实就是敷衍别人、原谅自己的挡箭牌。

我们经常会听到这样或那样的借口：上班迟到了，会说堵车、家人生病了等借口；业务拓展不开，会说制度不行、对方不合作等借口。总之，事情做砸了有借口，任务没完成也有借口，真是借口无处不在。借口成了腐蚀你成功的最大阻碍。要知道，任何一家就业单位需要的都是那种想尽办法去完成任务，而不是去寻找任何借口的人。在他们身上体现出的是一种服从、负责、敬业的精神，一种完美的执行能力。

优秀的员工绝不会在工作中依赖任何借口，他们总是尽心尽力地把工作做到超出客户的预期，最大限度地满足客户的要求。职场中，没有一个领导喜欢下属遇事就找借口，为自己找逃避的理由。当你费尽心机地推卸责任时，再和蔼的领导，也会生硬地扔下一句：“不要给自己找借口。”

“没有任何借口”是西点军校奉行的最重要的行为准则，它强化的是每一位学员想尽办法去完成任何一项任务，而不是为没有完成任务去寻找任何借口，哪怕看似合理的借口。其目的是为了让学员学会适应压力，培养他们不达目的不罢休的毅力。它让每一个学员懂得：工作中是没有任何借口的，失败是没有任何借口的，人生也没有任何借口。

可现实的职场中，很多职场新人从一开始就会给自己找各种借口。

有个朋友开了一家文化公司，需要一个能做微信订阅号的职员，有个女孩子前来应聘，信誓旦旦表示，自己从大学就运营过公众号，于是，她很快就得到了这个位置。开始工作了，朋友发现这个女孩根本就不会运用微信订阅号大众渠道。一周下来，她说的最多的就是，这个我不会，那个我做不来，并表示：“我是个刚毕业的大学生，公司对我来说是个新的领域，我有点笨，需要多学习。”工作做不来不说，女孩子还用了面临质疑时最爱用的辩白，给自个套上了一层理直气壮的安全网。

而事实上，女孩子没有明白的是，公司从来不是让你学习的地方，甚至很多工作多年的人也没明白：要学习你可以去培训班，去充电，可是公司是发薪水只是让你实现价值的地方，你的学历只能帮你应聘到你的公司，而不是在公司继续为自己充电。很多职场新人错误地认为，在公司我不会的业务，你就应该像一个和颜悦色的前辈教我：不要紧，慢慢来。这才是他们想象中的职场生活。可是，你要知道，当公司跟你谈薪水的时候，你就已经不是孩子了，你不能盼望公司会由于你的无知而分外宽恕，因为没有人再把你当一个孩子。

还有的职场职员，明明知道自己错了，领导批评的时候，还硬要无理辩三分。你还气急败坏地否认，面红耳赤地辩解。这时领导不但不会原谅你，还会觉得你不谦虚，没修养，是欲盖弥彰。你这么做，无非是心虚，人家说中了你的要害，你脸上挂不住而做的一种反抗。其实，找借口是无能的表现。有则改之，无则加勉，没有什么值得大动干戈的。

心理学家说，悲观情绪是公司员工滋生借口的土壤。悲观的人总是喜欢寻找借口，这也是一种比较有代表的现象。我们要适时地给自己的职场减压，要了解自己优缺点，修正不合宜的自我特质，情商是可以透过重视和训练而加强的。还有重要的一点，就是用开阔、弹性的角度来看待人生中的挑战，这样遇到任务就不要给自己找借口逃离。

不要把不满和抱怨当成借口。如果你为一个人工作，你不能对他三心二意，不能阳奉阴违。你不能全心全意，就干脆不干。严格说来，一小点的忠诚抵得上一大堆的智慧。当你告诉别人说我的老板是一个性情乖戾的人，那么你就暴露了你就是这样一个人；当你告诉别人说公司的政策“不可救药”，那么显然你也是同样不可救药。

借口是让人不思进取，不愿付出等种种弊端的“引发器”，其中最突出地表现在盲目性上。明确目标有助于避免这种情况发生。如果制定了目标，又定期检查工作进度，你自然就会把重点从工作本身转移到工作成果。想到什么目标就先写下来，先不必判断这些目标是否能实现，也别管它们是长期还是短期的。

不要对任务轻言放弃。“不放弃”本身并不是目的，成功才是目的。障碍不是来阻挡我们的，而是来帮助我们成长的，每一次的成功都需要克服困难。对于遭到一次又一次失败的人来说，最大的挑战就是如何拒绝借口、克服气馁。成功的大小不是由这个人达到的人生高度衡量的，而是由他在成功路上克服的困难的数目来衡量的。

四、领导篇

1.忌顶撞领导

在职场，你的就业单位，如同一个冲锋陷阵的战场，你的老板，就是这个战场的指挥官，他的威严不可亵渎，他的命令不许忤逆。特别是那些微小私营企业，老板直接就是你的饭碗，老板的权威也不是他自封的，而是在大风大浪里自然形成的。在现实工作中，领导与员工之间不可避免会彼此误解，多数情况是由于信息传达得不准确或是不能进行有效沟通所致。我们要学会用适当的方式与领导沟通，尤其注意不要在众人面前顶撞领导。

有这样一个真实例子，某职员是一家私企的软件开发工程师，公司每个项目的开发都离不开他的努力与研发，老板平日里对他也格外关照，给了他很多自主权。因此他就觉得高人一等，言谈举止就不那么低调起来。公司经常开一些研讨会，在会上他总是认为自己的想法是对的，别人的意见根本就听不进去，并多次在会议上顶撞领导。身边有人劝说他注意一些分寸，他反而觉得对方多事。

某次，有客户来单位参观，他作为公司的高级工程师来陪同，在介绍公司发展方向时，他夸夸其谈，俨然一副公司是自己的模样，这使一旁的领导很不高兴。就小声地批评了他几句，没想到他勃然大怒，一如既往地顶撞了领导。这让领导在众人面前非常尴尬，参观结束后，这个职员就被开除了。尽管这个职员很有能力，但在这么一个重要的场合顶撞领导，无疑等于往枪口上撞。在职场，员工顶撞领导是职场中最大的禁忌。员工因不拘小节而给自己的工作埋下隐患，实在是得不偿失。

别说是私企，在国企也一样，张然曾在某国企上班，他认为在国有企业工作就像捧着“铁饭碗”能够一劳永逸。在他看来哪个领导都不能把他怎么样，更狂妄到对企业的管理制度也充满了不屑、不把企业领导放在眼里，甚至屡次公开违反企业规章制度。到了年终，企业要缩减编制，裁减人员，经过投票张然首当其冲被辞退。可见，身为下属，如果你太把自己当个人物，动不动就牢骚满腹，你可以逞一时口舌之快，但却往往会使自己丢了工作，换来长久的懊悔。

在职场，聪明的下属都不会当面顶撞领导，毕竟你是在领导的手下工作。一位有经验的职业经理人曾说：“老板批评员工的时候，最希望的是员工服服帖帖，诚恳虚心地接受批评。最恼火的是员工当面顶撞老板，让老板在员工面前难堪。”仔细想来，领导批评你几句也没有什么大不了，你完全没必要申辩，非要弄个谁是谁非。

职场是一个看似很简单实际很复杂的小社会，有时候它表面看起来很平静，其实下面隐藏了许多暗礁。特别是在领导面前，千万不要贸然顶撞。如果是领导先发飙，他这么做有可能是在转嫁压力，这时候作为下属的你，最好还要忍耐一下，不用跟他讲理，也不用跟他讲你的委屈和为难之处。此情此景，跟领导争论，赢了又如何？

在通常情况下，下级顶撞上级会让大家认为该下级很不懂礼貌，而一旦该领导是个小心眼的人，日后很可能给该下级小鞋穿，让其没有好日子过。我有个朋友，在一家商贸公司工作，有一天公司经理在外面谈判归来，心情非常不好，看到办公区很凌乱，就更加烦躁。于是该领导就站在办公区的过道上数落大家起来，由于他站的角度正对着我这个朋友，看起来就像是只说给他听，当时我这个朋友正忙着给客户写合同，焦躁而忙碌，一看到经理在那说个没完，就跟他吵了起来。身边的同事急忙来劝阻，但是事后，我这个朋友没少被领导穿小鞋。

遇到这种情境我们可以这样做。

首先在工作中要明确领导与自己的位置，要虚心接受领导的教诲。当领导批评你时，切记要让领导把话说完，认认真真听领导的教诲，然后你再决定是否要单独找领导阐述自己的看法。这种理智的做法更容易获得领导的好感和接受。千万不要当面顶撞领导，当面顶撞是最不明智的做法，你的顶撞很有可能使自己下不来台，更让领导下不了台。其实，如果在领导一怒之下而发其威风时，你给了他面子，事情就必有转机，情况还有挽回的余地。你能坦然大度地接受其批评，他就会在潜意识中产生对你的歉疚之情或感激之情，在日后说不定还会因此而施惠于你。

其次，受到领导批评时，不要反复纠缠、争辩，希望弄个一清二楚，其实这是很没有必要的。如果确有需要申辩和被误解的情况，你可找一两次机会表白一下，点到为止。即使领导没有为你平反昭雪，也完全用不着纠缠不休。那种斤斤计较型的部下，是很让领导头疼的。如果你的目的仅仅是为了不受批评，当然可以寸理不让。可是，一个能让领导筋疲力尽的人，怎么有可能有晋升的机会呢？

总之，在领导发火时，作为下属，我们要么采取不理不睬的态度，要么就主动上前去，倾听领导的诉说，帮他分忧解愁，切不可与领导争执不休，因为那样做是极不明智的。俗话说：世事纷纭迷人眼，唯有服从是关键。

2.忌越级汇报

职场中，越级汇报虽被列为不可触碰的雷区，但仍有类似情况屡屡发生。越级者出于自身晋升、加薪等个人原因的考虑，越过部门领导直接向高层汇报，期许达到自己的目的。一个企业的管理制度就像一个金字塔，塔尖是高层领导者，下面是一级又一级的领导，身为职员，你要清楚自己所在的位置，上级是谁，下级是谁，对谁负责。同时，按照统一指挥原则，一个下级只能接受一个上级的指挥，即上级不能越级指挥下级，下级不能越级请示汇报，否则就会各行其是，没有了秩序。

越级汇报会让高层领导者与部门领导间产生信任危机，如果高层领导者采纳了你的建议，就会让部门其他人员误认为默认了你的行为，久而久之，越级汇报成了一种常态，单位里就形成了一个怪圈，公司已经形成的工作秩序和协作氛围会因此而被破坏。

我有个学员叫张琦，是一家装饰材料公司的采购员，主要负责采购材料，每天往返公司与公司之间，一次，因为供货商提供的材料不合格，导致公司出现了小事故，当时分管材料的部门经理与供货商关系不错，就把这件事给压了下来。张琦觉得这件事公司应该知道，否则未来再发生类似事件不堪设想。于是她就向公司领导汇报了，汇报完后，总经理没怎么表达意见，但后来，他对张琦的态度明显冷淡下来。而分管材料的部门经理也知道了张琦汇报的事情，就故意背后给她难堪。双重压力下，张琦觉得自己没有必要在公司再待下去了，就愤而辞职了。

越级汇报，犹如一把双刃剑。

在下级看来，具体工作都由下级来处理，上级仅仅是管理而已。其实管理岗责任重大，压力更大。每一级领导都希望及时得到自己辖区的各方面信息，处理后再反映到上一级管理部门。如果发生了越级汇报，就会有高层直接过问，而自己尚不清楚情况的发生，这时候会很被动。

另一方面，你的越级汇报会令你的直属领导措手不及，或许他对你的方案正在进行完善，或许正在斟酌当中，你的突然汇报让最高领导者直接干预，会让他非常尴尬和被动。会觉得你是不服管理和喜欢个人表现，因此心存芥蒂。最高管理者对他也会有想法，怀疑其领导部门的能力，职场本身就是一个矛盾平衡的产物。在你打算推翻你的主管而取而代之的时候，可以考虑谨慎使用越级汇报的手段，否则你必须做好承担很大风险的准备。

在你准备越级汇报的时候，就要考虑到以下的风险。

越级汇报，无论你谈什么，只要不是领导的领导召见你去的，你都处在危险中。领导觉得你把他当小人了，而领导的领导可能真赏识你的才华，但他在你转身的那一刻，不会不想到你有野心。坐在高位的人，都反感任何一个有野心的人。

领导者之间有着难以言说错综复杂的关系与矛盾，也许是工作上的，也许是生活上的，当你不按正常的规则与程序越级汇报，领导就觉得你是看不起他、不信任他，领导之间的猜疑也就因你的多事而变得越来越多。

越级汇报，会让不明真相的其他非当事人，把你当小人一样看待，为避嫌，他们会疏远你，怕跟你打交道。如此下来，越级汇报的连锁反应是，你将得不到任何同事的支持，如果领导的领导很正直，的确很爱护人才，那是你的幸运。但很多时候，他未必不认为一个不尊重直接领导的人，会在骨子里尊重他。那么，你的处境就危险了。

通过以上的分析我们不难看出，越级汇报会引起一系列不良的连锁反应，它确实不招众人喜欢。那么该如何巧妙化解越级汇报中的危机呢？

你的直属领导不在公司，除非在他临走之前留下正式的委托通知，赋予你处理突发问题的权利，否则不管他有没有提醒你有事情通知他，作为下属都应该第一时间向他汇报突发问题，并及时告诉他事情发展的动态。如果无法及时联系上直属领导，就打电话、发短消息等同步进行。一方面，这是下属对领导的充分尊重，让其知道所管部门面临的问题。毕竟他要对整个部门负责，不管下属的解决方案是否成功救急，责任终究是要落在他的肩上。另一方面，这也是为了保护自己，万一领导追究越级汇报的问题，电话、短信、邮件都是保护你的证据。

向大领导做汇报的时候，切忌锋芒毕露。除非你已经具备顶替领导的能力和条件，否则还是应该努力地维护领导的形象，而且大领导往往也比较喜欢懂得维护领导的员工。你需要让大领导充分感受到你虽在越级汇报，可并不是否定领导，不服从管理，缺乏团队意识。如果大领导直接问你要解决方案，可以委婉地说出自己的想法，最好能把自己的解决方案作为集体智慧贡献出来。这样既不得罪领导，也不显得你在大领导面前邀功。事情解决后下属还应该继续和自己的领导联系，汇报事情解决的结果，当然还是电话、短信、邮件并行。

职场有其自己的游戏规则，不管怎样，越级汇报都属于脱离轨道之外的非常规行为。我们不否认越级汇报中存在机会，但是其中的风险不可小觑，所以，职场人如果要越级汇报还请慎思慎行。

3.忌阿谀奉承

职场中，做人可以圆滑，处事得当，但要有个度，过度了就会见什么人说什么话，看人眼色行事。这类人虽不一定是小人，但这类人很容易受到领导所宠，而在领导面前说任何人的坏话都很有杀伤力。要说这种职场的马屁精也许算不上是小人，但如果拍马屁是建立在贬低别人而取悦另一人的基础上，就有点小人行为了。

职场有很多这类人，为了包装自己，赢得领导的青睐，拍领导的马屁，经常打一些小报告，以告密的方式，获得拉近领导距离的效果。这类人往往都是以领导爱好是瞻，为讨好领导不惜鞍前马后，以博求领导重视与信任。在拍马屁获取信任的初期，这类人可以掩盖自己实力不济，实现浑水摸鱼，但在关键时刻，又能不动声色窃人成果，靠这个获得职场成功。

职场马屁精，有一个美丽的包装，即对谁都阿谀奉承，客气有加，可以说是职场的笑面虎。刚接触的时候，这类人看起来是那么和善友好，对人又充满关心爱护，毫无心机的你，一感动可能会把自己的一切都告诉他，而一旦你跟他的利益发生冲突，他就会狠狠地踩你一脚。

阿谀奉承之人很容易在职场受宠，虽然他的业务不是很强。我经常听到我的学员抱怨自己身边的爱拍马屁的同事有多讨厌。有个在公司做主管的学员，说她有个同事。刚来还只是个前台，发现老板娘身材有点微胖，她就主动提出每天早上陪着晨跑减肥，得知老板娘喜欢吃蜂蜜，她特意找人从老家寄过来野生蜂蜜等。但是工作能力却一点提升也没有，连写个会议总结都写不完全，但由于擅长向高层溜须拍马，来了不到半年她就升了职。

我有个亲戚，在一家国企做文秘快一年了。上个月老总的助理去加拿大定居去了，她以为助理这个位置非己莫属，可是，没多久老总让一个到公司才不到半年的女孩坐了这个位置。要知道这个女孩是众人皆知的马屁精。所以她不明白，为什么在这种强调能力至上的国企，拍马屁也能得到提升。她觉得，自己是无论如何也不能用拍马屁的方式来获得晋升，那简直是对她人格和尊严的一种侮辱。但是，看着人家一个个都在往上爬，她心里感到很失落。

工作场所，大多喜欢阿谀奉承，以上两个例子为证，这是现实，尽管成功的人几乎没有一个公认的。虽然奉承有市场，越来越多的人会喜欢这一套。急功近利，唯利是图，有事业心，任人唯亲。但是更大的历史潮流，迟早会证明，这是一条死胡同。职场需要的还是优势和立人。

多数老板心知肚明，大部分向自己拍马屁的员工或多或少带着投机的心理。老板不会牺牲自己的利益来满足马屁精的欲望，更不会蠢到掏腰包里的钱去供养只会拍马屁的无能之辈。每个老板真正喜欢的是那些把工作当成自己事业的员工，希望员工尽职尽责，是一个真诚的人。当然如果还能是个积极进取、不怕失败、一直进步，有自己梦想的是最好。

心理学家说，偶尔奉承别人几句，并无不可。不过，奉承也应该是有限度的，说少了固然起不到效果，但多说效果可能会打折扣。一个自信满满的人，会清楚地知道自己的定位，不会太在意奉承话，可以轻松回应。而另外一些缺乏自信的人，可能有童年阴影或心理曾遭受打击，无法承受奉承的压力，从而造成困扰，长期下去还有可能会患上抑郁症。可见，长期阿谀奉承的人还会患有心理方便的疾病。

那么，与领导交往到底应该保持一个什么样的度才不为过呢？

台湾智慧大学校长曾仕强说过："不要拍马屁，但要有浓厚的马屁味道。”不要拍马屁——这是名；马屁味道——这是言。名正了，怎么言都可以；名不正，怎么言都不行。所以，我这里也要改一下说法：不要拍马屁，但说话办事要让人感觉舒服。感觉舒服，对方就愿意与你交往，进而愿意接受来自你的影响。

在职场，与领导打交道，首先要准确把握双方关系，给其以相应位置，充分表现出对他的尊重恭谨。这是对双方关系的确认和定位，也是对对方的一种尊重愿望的满足。尊重是有原则、见真情的。如果不顾原则另有目的，就会对领导表现出阿谀奉承来。别有用心只能让领导反感和痛恨，交往因双方失去真情而无法发展下去。当然，个别领导好大喜功，乐于听奉承话，对于这样的分量重的人我们要保持张弛有度，把握分寸，不卑不亢，即尊重对方又尊重自己。

我们一方面要尊重于彼，另一方面也立足于自己，守住方寸，保持本色，自然而正常地交往，不必拘谨。这反倒能显示自己的交际魅力，会赢得对方的认可和尊重，有些有才华求上进的职场新人，遇到一些德高望重的职场前辈总是显得太拘谨，甚至是一副窝囊猥琐的样子，这样很难让对方欣赏我们。

从交往的过程来说，我们要积极支持领导，热情配合领导，鞍前马后，服从需要，听候调遣。这是合乎交际现实的，不仅不会损害自己的身份，而且会取得领导的信任。领导一般不会主动与我们交往，而作为平常人，身份在下，地位比他低，自然要主动积极，充满真诚，先迈出一步，做出友好的姿态，这是尊长敬上的美德，也是交际的惯例。

4.忌当“杠头青”

职场中，领导和下属本是一对合作方。有些人年轻气盛，有些人自视过高，还有的人逆反心理严重，对领导看不惯；还有一些人由于自身利益一时难以得到满足，于是对领导产生了一种强烈的抵触情绪，有意无意地和领导斗气，专门跟领导作对较劲儿，这实际上是一种极其幼稚的表现。我们把这类人称为“杠头青”。

职场不会总是一帆风顺，每当遇到不顺心的人和事，我们就会不自觉地产生抵抗情绪，总是想找个出气口来发泄，甚至破罐子破摔地跟领导干，也许你会认为与领导较劲能出口恶气，殊不知，这完全是给自己惹麻烦。领导就是领导，你的幼稚行为只会上报或是写进考核，那么，最终伤的还是你的钱途和前途。

我有个朋友在一家汽车贸易公司上班，一直以来兢兢业业，根据绩效开出的薪水要比同事高很多，按照部门的考核标准，他觉得自己这个月又能拿到500元奖金，可没想到，到了月底，业绩居然被人动了手脚，只给了200元，于是他就去找领导理论。领导让他先回去，调查一下再说，第二个月，他的薪水又被人动了手脚，于是他又去找领导理论，这回他上了犟劲，坐在领导办公室说，不马上解决这个问题今天就不离开了，领导也生气了，和他对峙1个小时，拂袖而去。年底，他就被取消了优秀员工资格。

通过这件事，我们可以看出，领导对下属不可能事事兼顾，下属对领导也不可能处处顺眼，相互之间产生矛盾是不可避免的。解决矛盾的途径，只有多沟通，多包容。作为处于劣势方的下属，更应该在沟通和包容方面多主动一些。如果因为心存芥蒂，就想着跟领导较劲，甚至把不满情绪带到工作之中，那最终吃亏的只会是你自己。

领导不是圣人，即使再有胸怀，也不会容忍下属明里暗里把他当作射箭的靶子和发泄的目标。对你的所作所为，他会一桩桩一件件熟记于心。你千万别心存侥幸，想着领导会大人不计小人过，而自己只图一时之快。原因很简单，员工和领导的位置是不平等的，领导掌握着你的晋升、考核、奖金，和领导较劲无异于以卵击石，最终伤害的还是自己的利益。

很多职场新人会以为，职场是个走秀场，比的是谁更聪明谁更能干。实际上，职场不是走秀场，而是斗兽场，比的不是谁更厉害，而是谁能生存下去。在斗兽场里，你只需要隐忍，不需要在一瞬间把所有力量都表现出来。生存游戏里，比的是安全，所以不表现比表现更好，不动比动更佳。

职场上，有些事想不通，看不惯，是因为位置不同、角度不同，如果换位思考，很容易一通百通。例如，领导与下属的不同看点：前者经常考虑的是你能为公司做些什么；后者经常考虑的是公司能够为我做些什么。想想看，如果没有公司的整体利益，个人的利益如何兑现？明白这一点，相信你的情绪和干劲就会有所变化。

职场上的“杠头青”都有点执拗和自以为是的心理。在他们的眼里只有他们自己，并且顽固，他们的行为不是在坚持真理，而是相信了自己的虚假的幻想。一味地夸大自己的个性，只从自己出发看待他们的问题。所以，与领导较劲成了他们的家常便饭。

如何改变自己的执拗呢，首先，就要有礼貌，这是改掉自以为是毛病的第一步，而且礼貌也只是一个表象而已，尊重才是真正的内核。尊重你接触到的每一个人，让这条黄金法则在你的生活中一以贯之；其次，如果遇到和你看法相反的人，一定要准确理解，给予尊重。没有将这些观点理解透彻以前，不要轻率地发表反对意见，也不要说他们是错误的。最后，要经常反省反省自己生活方面所犯的错误。用这种心态，去感受别人，那么你就会减弱你自以为是的程度。

另一方面，职场“杠头青”还具有精神分析所说的“自恋人格结构”。这类人一旦觉得对方没有完全如自己所愿，就很容易产生一种“自恋性愤怒”，以直接或间接的方式来发泄，很多员工和领导之间的冲突，在潜意识中就是这个原因。通俗来说，也就是冲突的一方把自己的意志强加给对方，却没有尊重对方的需要。

那么，如何在职场不当个“杠头青”呢？

聪明人不跟领导较劲。比尔·盖茨曾说：“人生是不公平的，习惯去接受它吧。”所以，对人生的不完美应采取顺其自然的态度，把更多精力投入自己能做好的事情上，高质量履行自己职责，完成工作任务是与领导建立良好关系的前提，千万不要忽略了这一点。别再因任何小事与领导纠结较劲，凡事多沟通，加强与领导之间的互相理解，减少可能的误解。

学会换位思考，理解领导的苦衷，不要遇到什么事首先去抱怨领导的不对，做到领导理亏时给他留台阶，尽量积极配合其工作是上策。也不要仅仅因为和领导关系不好而轻易跳槽，在跳槽前需要反思一下，自己的哪些认知和行为方式导致了目前的困境，会不会到了新单位，又遇到老问题？自查自省的良好习惯是会让人终生受益的。

5.忌替领导做决定

身在职场，懂得说话的艺术极其重要。说话谁都会，但把话说得动听，能让别人接受，并且通过说话给别人留下良好印象，却未必是每个人的专长。在和领导相处的过程中，更要懂得如何去说话。领导在公司里是最高的决策者，掌握着生杀予夺的大权，如何正确把握和领导说话的分寸，可以说是困扰职场中人的共同疑惑。其实要诀只有一个：就是不要代替领导做决定。

在职场，可以献策，而非决策。如果想真正成为领导靠得住、信得过、离不开的得力员工，就必须把握办公室工作的特点，找准自己的位置。和领导沟通最重要的一条：不要代替领导做决定，而是在领导的同意下针对其工作习惯和时间对各种事务进行酌情处理。

身为就业单位的一分子，无论你居于哪一个位置，你的角色首先是贯彻执行者，对自己的职务、职权、职责负责，在任何情况下，先做好自己的本分工作。可能你长期在领导身边工作，深得领导的信任。这样的话，你就容易产生错觉，以为深受重用就消除了与领导之间的界线，从而不自觉地站在领导的位置上，替领导做起主来。

千万别迷失！虽然你的出发点是好的，意图为领导分忧，也是为了维护公司的利益，但即使你做对了，领导心里也不会舒服，更不会接受这样的事实，因为做决定的应该是他，而你不过是一个执行者。所以，在工作中，无论你与领导的关系多么亲密，无论你的看法多么正确，也千万不要逾越与领导之间的界线。领导决定的事情，你要无条件地执行。

或许，有时候，当你发现领导让你执行的决策错误时，你也不要贸然指出领导的不对。其实，职场中在对自己定位时，不要擅自改变领导的决定，你可以婉转地说："还有一个方案，您把把关，看是不是可行？"如果领导意识到自己错了，就会授权按照你的方案办；如果领导刚愎自用，非要你执行他的错误决定，你只管执行好了。等领导发现自己错了，他也不会把错误推到你头上，反而会暗地里赏识你的态度，慢慢地会重用你。

有这样一个真实例子：美微年轻干练、活泼开朗，进入企业不到一年，就成为主力干将，是部门里最有希望晋升的员工。一天，公司经理把王小姐叫了过去："美微，你进入公司时间不算长，但看起来经验丰富，能力又强，公司开展一个新项目，就交给你负责吧！"受到公司的重用，美微欢欣鼓舞。连夜制定工作方案，做完方案后第二天她就来到经理办公室。"领导，这是我做的工作计划。"接着说："我决定采取第一个方案！"汇报完毕，美微满心欢喜地等着赞赏。

没想到的是，经理板着脸说："是吗？可是我认为这个方案不太好，你再重新修改下吧！"美微愣住了，她万万没想到，一个如此完美出色的方案竟然被驳回了。美微大惑不解："没道理呀，傻瓜都能看出来第一个方案是最佳的。"

美微没有明白问题就出在"我决定采取第一个方案"这句自作主张的话上，她错就错在措辞不当。在上级面前，说"我决定如何如何"是最犯忌讳的。如果美微能这样说："经理，现在我们有两个选择，各有利弊。但我做不了主，您经验丰富，您帮我做个决定行吗？"领导若听到这样的话，相信美微一定会得到想要的结果。

在职场，要时刻牢记：领导才是公司的最高决策者，无论事情的大小都有必要听取他的建议。但这些事情并不是一些零星的小事，而是有建设性的问题，这样才是对领导的尊重。对待不同性格的领导，都要保持耐心与宽容，把你的决定以最佳的方式渗透给他，从主动的提议变成被动地接受。即使对待能力不强的上级，同样要保持尊重，凡是要量力而行，不可擅做主张。

下面就介绍一下，一个职场成功者与领导相处之道。

服从第一。世事纷纭迷人眼，唯有服从是灵丹。大力提倡善于服从、巧于服从。对有明显缺陷的领导，积极配合其工作是上策；领导交代的任务确实有难度，其他同事畏手畏脚时，要有勇气出来承担，显示你的勇气和能力。

关键地方多请示。聪明的下属善于在关键处多向领导请示，征求他的意见和看法，把领导的意志融入正专注的事情。关键处多请示是下属主动争取领导的好办法，也是下属做好工作的重要保证。要有独立见解，能够独立地承担一些重量级任务，把被同事忽略的事情承担下来。

处处维护领导尊严。领导的尊严不容侵犯，面子不容亵渎。牢记领导者的面子在下面这几种情况下最容易受到伤害：领导出现失误或漏洞时，害怕马上被下属批评纠正；领导至上的“规矩”受到侵犯；背后乱嘀咕，有意诋毁领导的名誉。有些领导能力不强，最怕下属看不起自己。

与上级交往最好安排在刚上班的时间，选心情较好的时候去同他交谈。这个时候，上级领导还没有接触其他工作，精神和情绪都处于较佳的时刻，这时候汇报工作，他会耐心听取；请示工作，他会认真答复。这时提出关于工作方面的要求、建议，上司可能欣然答应，认真采纳，或者表示尽快予以研究。

6.忌抢领导风头

身处职场，争强好胜，喜欢在工作中努力表现自己没什么错，但如果你只顾显摆自己，不顾领导的感受去抢领导的风头就太不明智了。因为领导之所以成为领导，自有他的过人之处。长期以来行使指挥者的权利已经成为习惯，会有一种无论在任何场合都想做主角的欲望，所以，若有表现或出风头的机会和场合，请千万不要忘了要把领导推到最前面。

有这样一个故事，张三和李四都是一家企业的秘书，两个人都各自在名牌大学毕业，又都写得一手好文章。但是，一年过去，张三成了秘书科的科长，李四却依旧是个普通的秘书。

究其原因，李四很善于领会领导的意思，写出的稿子往往是一锤定音，领导挑不出什么毛病来；而张三则显得似乎有些低效，每次初稿总是有些不尽如人意的地方，但经领导一点拨，立刻就能被他改得完美，做到二稿通过。于是，便有人问他其中的奥妙。张三道破天机：“如果你的水平、才能与领导一样高，甚至比领导还高明，那还要领导干什么？”

在职场，你反应迟钝，不能随机应变，会被认为是无用；而处处显得光芒四射、高人一筹，又会引起领导的忌恨。而张三正是利用以退为进之法，主动贬抑自己来突出领导的高明，把写好文章之功推给领导，从而使领导获得了某种心理上的满足感和成功感，进而使自己获得晋升和成功。明智的下属，就应懂得如何适时地把自己的功劳归于领导，永远不要让你的光芒遮盖了你的领导。

聪明的职场人会选择这么做事，那么不聪明的呢？我们这里再举个例子。

富凯是法国国王路易十四的财政大臣。他精明干练，是国王的左右手，因此在首相马萨林去世时，他满心以为自己会被任命为继任者，没想到国王竟决定废掉首相的职位。于是富凯怀疑自己已失宠，因此他决定策划一场前所未有、场面壮观的宴会来讨国王欢心。

宴会上的珍馐佳肴令客人们大开眼界。然而，这次空前盛大、豪华的宴会并没有达到富凯的预期目的，富凯不但没有得到期望中的升职，反而在第二天一早就被国王下令逮捕了。原因很简单，因为国王希望自己永远是众人注目的焦点，永远凌驾于臣民之上，自然无法容忍别人掩盖了自己王者的光芒。天真的富凯抢尽了主子的风头，用这种方式向国王示好，无异于自取灭亡。

这就是职场，谁让你是下属而他是领导呢？做领导当然要光彩夺目，而下属相比之下自然应暗淡些。如果不是如此，那领导自然容不下你，因为这会引起领导们的恐惧和不安。你要想办法让你的领导看起来比他们本身要高明得多，不让领导觉得你对他是有威胁的，能够做到这些，你自然就能够获得职位的提升。你表现过头，炫耀自己，往往会适得其反。

我们在职场中出问题，至少有一半是心理原因。而我们的心理问题，又至少有一半来自头脑的肤浅和紊乱。刚入职场的新人，不懂得揣测上级意思，有可能一次与领导不得当的谈话，就能失去进一步发展的机会。工作中，领导和下属会在无意识中签订一份“心理契约”，只有当上级对下属的期待和下属自己的目标达成一致时，才能达到双赢。

那么，怎样做才能做到不抢自己领导的风头呢？

在工作中，除了了解对方，用不同的方式对待不同阶层的人也很重要。你不能妄想自己去说服固执的人，你能做的，就是引导他进行自我说服。当你想和领导提出一个好建议时，不能过分抢占他的风头，而是用引导的方式告诉他，让他感觉点子是他自己想出来的，只是不小心忘记了。这样，才能让建议更好地被采纳。

如果你的领导是女性，她很讲究服饰仪表，身为同性，你就要穿得整洁得当，但不要抢了她的风头；如果你的领导不太注重服饰，那你在穿着上过得去就行了。还有如果你穿了时尚的衣服最好不要在她面前炫耀。

在公共场所不要抢着说话。当下属和领导出现在公共场所，领导又不是善谈之人，而你却滔滔不绝，引得众人的赏识和掌声，把别人的目光吸引到你这里，领导能不嫉妒你吗？所谓言多必失，做下属的只需附和着领导即可。

你的人缘好，工作能力又强，但如果有些同事在领导面前太过分地表扬你，你就要小心了。老板既希望下属个个精明能干，能独当一面，但不希望下属比自己强。一旦我们不会把握，就会给自己带来无穷的烦恼。

如果你比领导聪明或能力比他强，就要装出相反的样子，你也可故作天真，使表面上看起来你更需要他的经验。如果你的点子比领导的想法更富有创意，尽可能以公开的身份将这些点子划归他的名下，让大家都看清楚，你的建议不过是对他的意见的回响。

明代的大政治家吕坤在他的《呻吟语》一书中说道：精明也要十分，只须藏在浑厚里作用。古今得祸，精明人十居其九，未有浑厚而得祸者。意思就是说，人们对于聪明、精明还是非常需要的，但关键是要在浑厚中悄悄地运用。

我们也可以这样理解：要想进入一扇门，你就必须让自己的头比门框更矮；要想登上成功的顶峰，你就必须低头弯腰做好准备工作。

五、同事篇

1.忌互挖墙脚

职场竞争不仅仅局限在企业间，身在职场，同事与同事之间也是潜在的竞争对手。为了保住自己的饭碗，为了能够加薪，为了一次升职的机会，只要牵扯到各自的利益，就会滋生出各种事端。彼此嫉妒，互相拆台，见证人性最丑陋的一面。职场就是这么残酷，这是改变不了的，你接受也罢，不接受也罢，它都会在某一天悄然来到你的身边。

随着经济的发展，职场中人终日忙碌，每天和你在一起时间最长的人不是你的亲人，不是你的朋友，而是你的同事。他们与你面对面，肩并肩，吃饭、工作，甚至一起出入卫生间。朝夕相处，亲密无间。只是，这种亲密只是为形成一个良好的工作氛围而存在，你必须要搞清楚的是，同事就是同事，不是朋友，同事与朋友是完全不相同的两个概念。

交朋友，只需志趣相投，彼此信任与忠诚友谊即可。然而同事就不同了，不能对他有过高的期望值，你们虽然需要合作，但在同一公司下，更多的是竞争，利益关系就决定随时有冲突的可能，出现被同事出卖或者拆台的情形也不必太惊讶，这应该是你早就预料到了，只不过不知道它会出现在彼时彼刻而已，吃一堑长一智就是了。

有这样一个典型例子：张三和李四都刚参加工作没多久，同在一个部门的两个人，年龄都差不多，有很多说不完的话题，在单位里形影不离，下班也经常一起出去泡吧，打保龄球。张三把李四当成了好朋友，自然无话不谈，在一起时，也经常说一些单位上的琐事，发发牢骚，想起谁就说谁。然而，没多久，张三的这些背后话就辗转从各个渠道有了反馈，有的偷偷给他准备了小鞋，有的干脆以牙还牙。张三惊诧、愤怒，最后发现是被他视为亲密的同事李四给出卖了。

“人际关系难处”是一个人走进工作单位后普遍感到的棘手的问题，因为这时的人际关系不再像昔日那样单纯、明晰，而变得错综复杂起来。职场如战场，人性的本质是自私的，跟同事做朋友，只能是给自己埋下一颗定时炸弹，一旦发生爆炸，就可能会尸骨无存。职场上没有朋友，只有战友。朋友是可以为你两肋插刀的人，同事可就是向你两肋插刀的人。因此说，同事与同事之间的关系是最难处的。身在职场的你，对你身边的这些人一定要有所警惕，好好地保护自己，以免自己受到不必要的伤害。

那么，如何处理好与同事之间的关系呢？

首先要摸清自己在同事间的位置。在职场中，同事与同事之间有很多事情都不会开诚布公地对你讲，但从他们的行动中却能窥探出许多秘密。比如周末同事们约好一起去郊游，却没有告诉你；比如办公室的同事常在一起窃窃私语，但当你一走近时，他们就停止了。了解了同事之间这些潜藏的“暗语”。你需要做的就是赶快补救。当出现第一种情况时，你最好尽快与同事拉近关系，不然你在工作中，就只能孤军奋战了。出现第二种情况时，应该尽快检查自己的私生活是否引起了别人的误会。

警惕公司中危险的同事，在与同事相处的时候，凡事都要多个心眼。在职场上，你身边总会有这样的一些同事，他们总是有意无意地排挤你，你的努力工作从他们嘴里说出来就成了表现欲强，你对同事的关心他们说是虚情假意，同时还会不经意间散布一些小道消息来攻击你。在这些明枪暗箭下，你的应对措施就成了当务之急。对这样的同事，要有所保留，切勿把自己所有的私生活都告诉对方。不随便暴露个性上的弱点，不轻易显露你的欲望和企图，不露锋芒。别人摸不清你的底细，自然不会随便利用你、陷害你，因为你不给他们机会。

保持自我，甩掉心理包袱。面对着当初跟你一同起步的几位同事，由于受能力和机遇的限制，在公司里并没有你成长得快。因此，在大家相处之时，你总觉得不太自然，甚至有些战战兢兢，说话得思忖再三，生怕一不留神惹来非议。其实，这完全是心理作祟，你是怕自己的表现过于高傲，惹来嫉妒的奚落。但又不能表现得过于随和，生怕那样会有不够成熟之嫌。此时，你只要摆脱这些心理包袱，始终都保持真实的自我，所有的问题将不再成为问题。

要学会看到别人的闪光点。相互欣赏，互为人梯是取得成功的关键。每个人身上都不乏优点，特别是对待同事，永远要学其所长。其实每个人身上的闪光点还是很多的，就看你是不是有心地去观察、去学习、去欣赏。当然人无完人，不要拿别人的缺点去和自己的优点比，这样做损人不利己。

同事间有分歧，不要过分争论。职场中人处理事情都会有自己的想法，过分争论只会激化矛盾而影响团结，对解决问题没有半点帮助。当然也不用一味地以和为贵，放弃自己的观点。意见不能一致时，最好的方法是冷处理，向对方表明立场，让争论淡化，又不失自己的立场。凡事应以大局为重，形成利益共同体。特别是在与外单位人接触时，要维护好团队形象，多补台少拆台，不要为一己小利而损害集体大利，尤其不要外扬“家丑”。

2.忌当烂好人

很多人喜欢把职场比喻成战场，但是，这个战场是没有炮火的战场。它没有炮火，却硝烟弥漫，没有人拿枪拿炮对着你，但一不小心，就有可能成为别人枪炮下的灰尽。在你还没有想明白这是怎么回事的时候，你已被淘汰出局。虽然你的初终不过是想做个好人。但在这样的一个职场里，好人也只不过是烂好人，做出的好事结果也未必是好的。

很多职场新人成为职场烂好人之前，往往是工作得不到重用，总是做些无关紧要，鸡毛蒜皮的琐事。被同事们喝来唤去，赔尽了笑脸却还是被人嫌弃来嫌弃去。就算你做了好事，也没人会感激你。反而是你纵容了那些不按规则做事的人，这就叫好心做坏事。不但没帮人，反而搭进了自己。

有这样一个真实故事：冯敏大学一毕业，就进了一家广告公司做职员。初来乍到，她对一切都充满好奇，脾气好好的她对同事提出的任何要求可以说是有求必应，每逢节假日，别人不愿意值班，她都会主动提出替班。她觉得自己是个新人，应当有所付出。只是，久而久之，她发现自己变成了公司的值班专业户。并且工作一直“享受着”打杂的待遇：什么复印文件、搜查资料、买饮料、叫快递等，整天，她都被这样的杂事困扰着。做得辛苦不说，更糟糕的是时间长了，大家都习惯了她在办公室承担的杂工角色，和她专业有关的技术性工作根本就参与不进来。

这种处境，让冯敏很烦躁，于是，她开始尝试拒绝同事们的差遣。可当她拒绝时，却遭到同事们的埋怨，更有人说她心计重，与刚来的时候不一样了，做点儿事也叫不动。他们是怨言让冯敏很郁闷，她觉得自己陷入了一个怪圈。她非常失望，不知道该如何改变别人已形成的看法，给自己一个转变的空间。工作了半年后，她不得不提出了辞职，另谋出路。

那么遇到这种情况怎么办？别急，在面对这些打杂的琐事，先要处理好自己的情绪，让自己在打杂中有一个积极的心态。如果不停地抱怨，情绪发泄稍有不慎，就会引来流言蜚语。别无奈，你要把打杂当作搞好人际关系，熟悉环境的必修过程。摆正自己的位置，找机会，让别人能正确认识到你的价值。

我有个同事的孩子是电脑工程师，刚到一家软件开发公司工作时，他发现自己并没得到重视，每天就是被别人呼来唤去地做下手。看着别人忙碌，他心里很着急，很多公司开发的项目他都很感兴趣，就是插不上手。于是，他开始利用打杂以外的时间自己设计程序，在部门一次研讨软件设计问题时，他悄悄把自己的设计方案放在了主管的桌子上。主管非常惊喜，急忙指派了两个资深的工程师和他一起来完成，就这样，他为自己争取了改变的空间，虽然他的做法有点冒险。

很多职场新人初涉职场会面临许多尴尬：不分场合示人微笑，人家觉得你没个性；对同事有求必应，某次因为能力或其他原因应不了，便会觉得你不行，从而疏远你；办公室里只有你不时地操练扫把和拖把，久而久之，大家把你当成兼职的清洁工。究其原因，是我们被常识性的价值观害了，总以为只要付出，就理应有好的回报。殊不知，世界不是以如此的价值观运转的。也就是说，做好人是你的选择，在这一点上，你有完全的控制权和选择权，并没有任何人逼你。家庭会教育你做好人，学校和舆论也会引导你做好人，让自己成为好人的，是你自己。你不愿意留下坏名声，你不愿意感到内疚和不安，所以选择了做好人，甚至做烂好人。这是你完全自主的决定，所以，必须承担完全的责任。

你对人好，这是你的事情，但别人却不一定也要对你好，因为这是别人的决定。在职场上，每个人之间都是独立对等的，你能做自己的决定，对方也可以做他的。对个人而言，只有对某件事情的决定。而这个决定今天可以按照道德原则，明天也可以按照生意原则。如果你机械地照搬“好人好报”理论，以为只要自己做好人，就一定有好报，那绝对会输得很惨。

所以，学会拒绝是关键。

职场新人要学会适当的拒绝。先以自己手头的工作为优先，多做事，少说话。如果是本职工作上的帮助而精力能兼顾的条件下，适时的帮助，多积累一些工作经验，对自己自身的发展也是有好处的。

要学会沟通，工作中遇到问题，不要闷闷不乐地自己去解决，要想办法去沟通去反馈，让对方了解你的苦衷，并注意语气和态度，尊重对方。不做一直沉默的羔羊，也不尖锐对人对事，凡事多要动脑子多用心。注意细节，不懂就要去请教前辈，不卑不亢。心态放正，千万不要一味迎合别人的需求降低自己的标准和原则，不要害怕得罪人。努力做事，用心做人，拿成果来讲话。

你在职场里学会拒绝，人们才知道你的底线，才明白，哪里是可以欺负你的，哪里不可以。你不会拒绝，那么所有事情都是你应当做的，这就是人们的心理状态。无原则地接受他人的请求不是友好而是烂忠厚，找出自己该拒绝的理由，是一种明智之举，也是对人对己负责任的表现。

3.忌踩人升位

职场中，你会遇到各色各样的同事，性格的不同也造就了他们不一样的职场生活。其实，办公室只有两种人，一种是主角，一种是配角。你想要过得轻松，不想往上爬，就只能做一辈子的配角，配角的坏处就是：送死你先去，功劳全没有，裁员先考虑。最可怕的是，你还有可能是主角踩着向上爬的垫脚石，做他人垫背的牺牲品。

在竞争激烈的工作环境下，总会滋生一些畸形的产物，譬如，办公室的主角，这类人喜欢把别人的功劳占为己有，不去创造业绩，却擅长玩弄那些投机取巧的做法，动用坏心眼借力上爬。这类人的存在，破坏了办公室正常的工作秩序，也破坏了职场的风气。

我之前大学毕业后，曾经在一家用人单位实习，就遇到过这类人，他俨然是办公室的主角，也是最爱张罗的人，他把公司里大大小小的主管生日什么的都记得牢牢的，每当某个主管生日，他总是在前几天，就把大家叫到一起，商量给主管买什么生日礼物好。而且他还根据主管的职位，确定礼物规格。因为他这个人在主管那里能说上话，所以大家都按照他的建议做了。可是，后来我们才知道，每次给主管买礼物的费用都是由我们来均摊，而他自己却一毛不拔。不但如此，礼物总是由他一个人亲自送，大家出钱的事情他提都不提。等我实习完走的时候，他已经是另一个部门的主管了。

这类人的“特殊表演”，在领导那边是非常到位的，没有丝毫的破绽，并且独享荣誉，所以成功的概率很高。他这种踩着别人肩膀前进的方式在职场并不少见。也许他觉得自己够聪明，但职场毕竟不是“后宫”，你出演的也不是甄嬛，不需要踩着别人家的肩膀才能够前行，搞不好，还会崴到自己的脚。

接下来我们看下这个真实故事：米娜进了一家自己梦寐以求的公司后，凭借着专业知识过硬，受到了领导的青睐。进公司以后，入职一个月，领导已经多次在部门会议上公开表示对米娜的赏识。接手一些工作之后，米娜主动跟领导要求希望能够接触营销方面的工作。领导看她这么上进，就让负责对外营销的林珊多指导米娜。米娜在得到了领导的认可之后，觉得自己和林珊平起平坐了，举止做派就开始高调起来。

她开始四处传播领导对她能力的高度认可，字里行间透露出林珊要被取代的意思。没有多久，整个部门都知道米娜要开始接手林珊的工作了，领导有意要培养米娜。然而一周之后，米娜却没有像之前所说的那样进入营销部工作，米娜觉得是林珊故意阻碍自己。她决心用自己优秀的表现来打动领导，可不管她再做什么，领导也没有做出什么特殊表示。

就这样，自恃受宠的米娜被冷落一边，她始终没明白自己到底哪里出了错。事实上，从米娜自以为身价倍增与众不同，到后来她在部门内散播对林珊不利的流言，想借机上位被林珊识破开始，米娜就走上了一条职场不归路。米娜以为，领导能够答应让自己接触营销那一部分的工作，至少是把自己放在了和林珊同样的位置上，但她没有搞清楚，踩别人前进的路数，在身经百战的林珊和领导眼中，根本不上道。反而把自己置于尴尬境地，且置之死地而不得后生。

作为一个职场新人，你千万别凭感觉去做事，你必须遵守一个这样的职场规则——看清楚自己的位置再去做事。如果不知天高地厚凭借领导第一印象的赏识就想凌驾于人，那将是你的职场最大的败笔。在别人眼中，你和一只上蹿下跳的小丑没什么区别。前辈有这样的江湖地位，也不是一朝一夕得来的，你有没有那个能力踩他姑且不论，你又出于什么样的心态以为踩了别人你就能够上位呢？

那么，真正的职场达人是如何对付这些踩人上位的小人呢？

保持良好心态，但并不等同于忍气吞声。保持表面云淡风轻的同时，要进一步抬高自己的姿态，抽丝剥茧，博得涉及相关事件的人物的信任，如此这般，周围同事可能反倒看不下去，为你出头，有了利落的旁证，小人就算逃得了一时，也隐藏不了一世！

直接向老板倾诉论理，并不能改变既定的局面，反而会落得搬弄是非的嫌疑，可百般忍让只能更加助长这类人的气焰，以牙还牙地互相报复换来的将是无休止的办公室风云。我建议不妨先忍耐一时，等待事过之后再陈述立场，或者将此经历默藏心中，日后多留一手，也好及早提防。切忌不要让同样的事再一次在自己身上发生，正所谓“吃一堑长一智”。

要生存，自然得跟这类人做斗争。寻找盟友，对头势力太强，赶快联合同样受欺负的几个小帮派吧，团结就是力量。再有，就是要准备好以牙还牙，以毒攻毒，进攻才是最好的防守，留心小人的弱点和把柄，抓住机会，瞅准他的屁股结结实实来一脚。采用“受伤阵线联盟”战术，同仇敌忾、众志成城是关键，若是大家上下一条心，那则是最好的策略。

4.忌独享荣耀

在职场，独享荣誉是一件比较忌讳的事。尤其取得的成绩中有其他同事共同参与的时候，更加不能独揽荣誉。否则，在你独自享受荣光的时候，就给自己的职场埋下了糟糕的伏笔。

在职场，没有团队意识是行不通的，如果想在荣誉面前获得更好的人际关系，就要学会摒弃清高，与人分享。如果这一成绩的取得是集体的功劳，离不开同事的帮助，那你就不能独占功劳，否则其他同事会觉得你抢夺了他们的功劳。

没有人能够不需要任何帮助而生活。如果你在工作中只顾埋头苦干，不愿去和别人分享你的成绩或是快乐，忽视了人际关系的培养，你所遇到的困难就会成倍增加，你所感受的压力也会成倍增长。当今社会是一个充满竞争的社会，一进入职场，我们面临的就是同事之间的竞争。每个人都希望自己与荣誉和成功联系在一起，但是，职场的黄金原则就是要与同事合作，有福同享，有难共当。

人往往一有了荣耀就“忘了我是谁”地自我膨胀，这种心情是可以理解的，但旁人就遭殃了，他们要忍受你的嚣张气焰，却又不敢出声，因为你正在风头上。慢慢的，他们会在工作上有意无意地抵制你，不与你合作，让你碰钉子。

我的外甥女是一家报社的经济部主任，很有才气，在她主持下做了一个经济调查报告，并获得了总编奖，她感到很自豪，逢人便提及自己的努力与成就，同事们也向她表示了祝贺。但过了一个月，她却发现单位同事，似乎都在有意无意地回避她。过了好一段时间，她才明白自己犯了个独享荣誉的错误。虽然这个经济调查报告是在她的主持下得的奖，但也离不开其他记者和编辑的努力，而她把荣誉成天挂在嘴边，当然会使其他同事内心不舒服了。

无论什么时候，都不要把所有的成就归功于自己，那样会让你失去其他人的支持与人气。

有个很有才气的服装设计师，他的设计作品在同行业比赛中得了大奖，公司老总给了他一个大红包，并且当众表扬了他的成绩。但是他忘记了在现场感谢直属领导和下属们的协助，更没有把奖金拿出一部分请客，同事们表面上没有说什么，但心里都感觉很不舒服，和他渐渐产生了隔阂，大家都逐渐疏远了他，两个月后，他就因为待不下去而辞职了。

以上两个例子充分说明了：只会打眼前的算盘、短视近利的人，将来一定会吃大亏。

在功成之后向大家表示感谢，口头上的感谢是一种分享，这种分享可以无穷地感染人，另外一种是实质性的分享，别人倒也不是非要分你一杯羹不可，但是你要主动与他人分享，让他们有受尊重的感觉。实质性的分享有很多方式，一起吃饭唱歌或者喝咖啡，经过这样的融合，你们以后关系会更加融洽。这其实就是“欲取之，必先予之”的道理所在。

所以，正确对待荣誉的方法是：与他人分享、感谢他人、谦虚谨慎。

分享是一种修养，是一种共同走向成功的方式。无论是在生活中还是工作中，只要我们学会了分享，我们成功的概率就会多一成胜算，因为在这个多变的世界，单独的成功已经成为过去，共同的成功才是未来。当我们取得阶段性的成功时，应及时给予帮助过我们的朋友和同事积极的感恩与回馈，与他们一起分享工作的成果，会激励彼此继续进步，寻求更大的成功。

学会与人分享。即使是口头上的感谢也算是与他人分享，而且你也可以让更多的人和你一起分享，当然别人倒并不是非得要分你一杯羹，但你主动与人分享，这会让旁人觉得自己受到了尊重。如果你的荣耀事实上是众人协力完成的，那你更不应该忘记这一点。要感谢同仁的协助，不要认为都是自己一个人的功劳。当今社会要求团队精神，做事需要大家共同合作。

在职场生涯中，当你获得荣誉去感谢同事、与同事分享，这好比让同事吃下了一颗定心丸，如果你没有向同事分享你的荣耀，你必然会受到大家的反对，他们甚至会成为你通往成功之路的阻碍。

常言道：“种瓜得瓜，种豆得豆。”如果种下的是妒忌和怨恨，那就绝对难以收获幸福和快乐。学会与同事分享胜利和荣耀，实际是在为自己以后的发展而投资。如果大大方方地和同事分享功劳，一方面可以做个顺水人情，另一方面上司也会认为你很懂得搞好人际关系，而给你更高的评价。可是卖这份人情的手法必须做得干净利落，不可矫揉造作，更不可对同事抱着施恩的态度，或希望下次有机会讨回这份人情。所谓放长线、钓大鱼，将目光放远才是上策。

为人要谦卑。有些职员往往一旦获得荣耀，就容易忘乎所以，并从此自我膨胀。这种心情是可以理解的，但旁人就遭殃了，他们要忍受你的嚣张，却又不敢出声，因为此时你春风得意。可是慢慢的，他们会在工作上有意无意地让你为难，让你碰钉子。因此有了荣耀时，要更加谦卑。别担心你所扮演的角色会被人遗忘，因为你的所作所为在上司眼中瞧得清清楚楚。

5.忌拉帮结派

在职场，与同事相处是一门艺术，走远了，大家会觉得你不合群，不好交往；走近了，会让领导误解，觉得你是在拉帮结派搞小团体。所以，要掌握一个与同事交往的合理尺度，很难。

李想大学刚毕业，就被一家报社录取，从他刚踏进这家报社的门开始，他就敏锐地觉察到单位在人事上的刀光剑影。每个部门自成一派，工作时相互碰撞，每每接到采访任务，部门之间就会有诸多事情发生，双方并不是为了原则，而是为了立场，总编为了维持运转，装作视而不见。李想来这里的目的很单纯，就想做好本职工作，不想介入任何一方，结果，成了双方都不欢迎的人，使他很难开展工作。气盛的他就向总编反映了情况，总编虽然也感到头疼，但由于体制的原因也无能为力。报社就这样在无聊的内耗中一天天衰败下去，李想没等过完实习期，就早早地离开了。

在职场，总有一类人天生就善于拉帮结派，总喜欢把自己与同事捆绑在一起，是离不开集体生活吗？显然，这不是答案。从心理学角度来讲，这是出于自身过于强烈的欲望以及个人的能力很低的强大反差。也就是说，是因为对自己的自卑以及对强人的嫉妒。由于自卑，这种人需要在同类中获得帮助；由于嫉贤妒能，他们希望看到比自己强的人遭受失败的挫折，用别人的牺牲来慰藉自卑，如果想取得这样的结果，最好的方法就是纠集同类来群起而攻之。

自卑情绪强烈地压迫着这种喜欢拉帮结派的人，强大地影响着他们的行为以及对生活的态度，使他们觉得自己的目标还远远没有实现。矛盾冲突就会因此时常发生。

我有个学员刚入职场，就面临着部门间拉帮结派的选择，单位分成了两大派，当时两帮斗争得正激烈，而她刚入职，双方都想把她拉入自己的战营，她却不知怎么应对。于是她急忙给我电话，我送给她 8 个字：保持微笑，然后观望。

于是，她就按照我给的建议来做，不管是甲帮，还是乙帮，都微笑面对，见面主动问好，当彼此背后说对方的坏话时，她都笑而不语，似友非友的态度。因为是职场新人，她表现得非常勤快，每天提前 10 分钟到办公室，给两个帮派的头的保温杯里打好开水，帮他们把电脑打开。工作上，她也非常的认真。没多久，甲帮的头把乙帮的头给挤兑走了，所以，乙帮的同事遭受到了甲帮头的疯狂摧毁。而她，因为没有加入任何一帮，所以依然快乐地工作，快乐地生活。

这个办法可以说是软应对，也是一种绝处逢生的对策。

事实上，任何部门、任何单位的领导者，无时无刻不在面临着怎样巧妙处理与各种帮派之间的关系问题。各种帮派的产生，既非一朝一夕，它的消失，也绝非短期内就能办到。各种帮派既然在复杂的环境中生存下来，就必有其存在的价值。每一种帮派，都能在组织管理中发挥其特有的作用。每一种帮派，都能对其他帮派，甚至对领导者自身产生微妙的影响和牵制作用。

聪明的领导一般都会妥善地处理好同各种帮派之间的关系，并且对各种帮派存在的理由和作用，做到心中有数，了如指掌。然后，根据组织管理活动的需要，区别对待，用其所长，灵活巧妙地运用每一种帮派，让他们充分发挥自己的特殊作用。因为所有的领导都知道，只要大权永远掌握在自己手中，也翻不起多大的浪。只要不让其中那个拉帮结派的自成一片天，就一定要运用另一股拉帮结派的与其相抗衡。同时随时随地关注着淘汰，这样公司的业绩才会蒸蒸日上。

那么当你在职场之中，不幸遇到这种类型的同事的时候，又该如何应付呢？

爱拉帮结派的人最善于在同事的背后拟定各种害人计划，并且故意去招惹同事，以诱同事掉到陷阱里。这时，你可以采取视而不见的方法，让这种同事无功而返。如果你不把它当成一回事，仍然我行我素，他们根本无计可施。如果你怒发冲冠，则正好中了他们的计。

爱拉帮结派的人最恨的就是不愿意和他们同一个鼻孔出气的人，常常使用种种卑劣的手段来打击同事，看到同事软弱可欺的时候，最惯用的手法就是成群成群地发起围击。他们害怕同事站起来坚决地反对他们。因此，面对他们要以强硬的态度进行顽强的斗争，假如意志不坚或者一味地回避，就很容易变成他们欺负的对象。

他们害怕在人们面前出丑，因此，对付这种同事的时候，应该试着在众人面前痛斥他。不过，值得注意的是，使用这种方法的时候，态度必须强硬，绝不能姑息迁就，因为退缩的意念会减弱你的攻势，不仅没有多大的效果，还会受到报复。

同时，爱拉帮结派的人很害怕那些有权威的人，因为平日里凭借团体的力量来保护自己，只要离开了团体，又碰到了比他地位高的人，常常会有自卑感。因此，你最好利用这种同事的弱点，给他们来一个下马威，吓唬他们说要揭发他的丑行，使他们懂得“邪不压正”的道理。使他们懂得你也不是弱者，如此以后才会有好日子过。

6.忌倚老卖老

初涉职场，新人总是盼望能从老同事那里学到一些职场经验，于是，一些老同事就会过度热情，对新人的工作指手画脚，影响了新人能力的正常发挥。这只是其中一种，还有另一种现象，有一些老员工，觉得自己在单位里工作多年，就有资格不遵守制度，不听管理者的话，见到新员工受到重用，薪水比自己高，就会不忿，找领导去理论，引发争端。

35 岁的张工是一家企业的营销助理，在该企业整整工作了 12 年，最近，她部门新进了两名大学生。两名职场新人学历高，工作表现出色，很快便被老总任命为同她一样级别的助理。两名新助理上任后，凡是营销总监安排的工作，他们从不与老资格的张工沟通，而是自己积极主动地开展工作。张工认为自己是公司元老，职场新人应该对自己礼让三分，在工作上给自己应有的尊重。而两名职场新人却反感张工倚老卖老，有些事没有必要找她商讨。对此，张工心理上难以接受，久而久之，张工与两名职场新人的矛盾越来越尖锐，导致整个部门不和谐。

像张工这样的职场老人无论是在工作上还是人际关系上，都觉得有一种强烈的优越感，凡事都觉得自己该有优先权和尊重权。一旦职场新人在工作上胜过他们，他们便认为职场新人是在出风头。在压力面前，他们心理上滋生出一种危机感，唯恐因年龄不占优势而被取代。我认为，抱有这种心态的职场老人应端正态度，正确看待职场新人的长处，这样才会彰显一位职场老人的责任感和使命感。只有处处为企业着想，才能赢得企业的青睐和职场新人的尊重。

36 岁的安琴是一家公司的办公室主任。作为职场老人的她，对最近公司新聘的大学生、研究生颇有微词，主要是他们的薪水高于自己，使她的心理极不平衡。她的这种心理状态非常影响工作的开展，于是，她想辞职，可又觉得自己在公司干到现在的职位不容易，如果跳槽也未必能适应。这种矛盾心理纠葛下，她开始对工作消极应付。老板多次想过辞退她，但念及是老员工，最终没有炒她的鱿鱼。

即使是资深员工，也没有倚老卖老的资本。安琴的这种做法可以说得不偿失。这样的状态，既会引起同事的负面评价，也会在领导心目中留下不好印象，继而影响自己的职业生涯。企业的酬劳分配是按劳分配。如果35岁以上的职场老人把老资格也当作酬劳分配的一个砝码，显然是不明智的。职场老人应根除这种不端正的心态，在工作和待遇上不要与人攀比。只有干好工作，才能赢得大家的欣赏和敬重。

职场新人，遇到倚老卖老的同事，该怎么办呢？

会倚老卖老的同事，在公司里通常是年资够久、经验丰富，却升不上去的人。不过，这样的人除非是过度吹嘘自己，通常手中都握有筹码，才敢如此倚老卖老。新人可以先观察这位同事，用以了解组织生态。此外，不要反驳他的看法，并运用他喜欢指导新人的心态，在最短时间内熟悉业务内容与流程。

职场新人会发现，领导级别里极少会有这样倚老卖老的人，这类同事往往是业务能力都不错，但是却不具备领导特质的人，所以一直没能升迁，并且他们也渴望升迁，以至于面对新人时，多年的媳妇熬成婆的感觉一下就来了，所以，他们的心理也是可以理解的。要知道这类同事常常比较爱面子，如果真的比较反感他们对你的指手画脚，你可以只听不做，只要完成部门领导交给的任务就好了，一定不要和他们有正面的冲突，否则，一开始同事关系就被你弄砸了，也许还会让其他同事对你产生不好的看法。

还有，老同事的指导并不一定完全没有用，去粗取精，肯定也会摸索出一些捷径来。既然他们那么好为人师，就不妨利用他们的耐心多问问，业务内容和流程他们肯定比你熟悉。职场新人，要学的东西太多了，除了业务上的，也可以观察一些老同事平时为人处事的方式，好的方面多学习并为之己用，不好的地方要杜绝发生在自己身上。

如果真的是运气不好，遇到的就是个一无是处的老同事，并且你也真的难以忍受他对你工作上的干涉，那么，最好的办法就是尽快做出一些成绩，得到其他同事和主管的高度肯定，这样的话，他一定没有办法再在你面前指手画脚了，因为他没有了卖老的资格了。

很多倚老卖老的同事很喜欢指导比自己资历浅的同事，这样做可以给他们带来一定的优越感。如果这位爱倚老卖老的同事，实在干涉过多，他的看法也与你严重相悖，千万不能与他正面冲突。你只需在表面上显露出服从的态度，给对方一个台阶下。人通常都爱面子，为他保留颜面、给予充分的尊重，才是上策。

不论老同事是否倚老卖老，你都要抱着好好看齐与学习的心态。你可以从这些老的同事身上，看到一件事情不同的角度，帮助你多方面地思考与判断。在倚老卖老的人面前，我们要持一种吃亏是福的心态。因为，不管什么样的经历对自己的成长都是有帮助的。

六 交际篇

1.忌说话无分寸

在职场，要想搞好人际关系，就要把握自己说话的分寸，与领导，与同事，与下属，都要学会发出自己的声音。有话好好说，不要把与人交谈变成辩论赛，也不要说话太随意，想什么说什么。说话要分场合，要符合自己身份，不卑不亢的说话态度和优雅的肢体语言，是你树立自己形象的关键。懂得语言艺术的人，能帮助你更加自信地在职场获得成功。

在与人打交道的时候，要谨言慎行，切忌话太多和抢话。并不是所有的话题在任何时间任何地点都适合拿来说的，要想获得好印象和建立良好的口碑，都要注意自己说话的尺度。

中国有句古话叫作“说者无心，听者有意”，也许你无心地说了一句话，却伤害到了别人。轻则引起对方的反感，重则会给自己招来灾祸。

《史记》中曾记载这样一个故事。平原君赵胜的邻居是一个瘸子。有一天，平原君的小妾正在临街的楼上乘凉，见到有个邻居一瘸一拐地在井台上打水，觉得很滑稽，便大声讥笑了一番。这位邻居心生不忿，于是找到赵胜反映了这一情况，要求赵胜杀了这个小妾。他说：“大家都认为平原君是个尊重士子而鄙贱女色的君子，所以，士子们才会不远千里地来投奔您。我只不过是身体有些残疾罢了，却无端受到您小妾的讥笑。正所谓士可杀而不可辱，请您为我做主，否则旁人会认为您爱色而贱士，从而离开您。”平原君恍然醒悟，随后斩了这个小妾，并向这位邻居登门道歉。可见，注意说话的分寸是件多么重要的事情。

要想在职场成为一个受欢迎的人，赢得好人气，就要时刻注意自己说话的分寸。

职场说话更要讲究真实性，不要过分地夸大或者添油加醋地去修饰。不要随意主观猜测臆断，信口开河，尤其在上传下达时，要客观地传达反映实际，也要视场合、对象不同而采取不同的表达方式。

身为下属，与领导保持融洽关系，最重要一点就是说话要有分寸，切忌不要信口开河，贸然出言。回答领导问题时，不要用“随便！都可以”，这样的回答，会让你的上司感到你感情冷漠，不懂礼节，对什么都采取一种漠不关心的态度。不要对领导说，“这事你不知道”或“那事我早就知道了”。这句话中带有明显的蔑视。

与领导说话，不要用过度客气的语言。与领导说话要落落大方，应付自如。要克服胆小怕事的心态，越是谨慎小心，反而越容易出错，更容易被上司误认为你没有魄力，谨小慎微，不值得重用。在领导面前说错了话，一旦觉察到了，就应该就此打住，马上道歉。不要因害怕而回避，应面对事实，尽量避免伤害对方的人格和面子，不必要的辩解只会越辩越糟。

在接受领导布置的任务时，切忌把话说得太满。千万不要用“保证完成”或者“没问题”之类的肯定语气。而要多用“我试试看”“应该没问题”这样的字眼，这是给自己留个后手，万一没有完成，事与愿违，就把自己置于尴尬境地了。说话不留余地等于不留退路，不如多用一些缓和语气之类的说话方式，一方面可以降低领导的期望值，你若不能顺利地完成任务，领导因对你期望不高而能用谅解来代替不满，有时他们还会因此而看到你的努力；你若能出色地完成任务，他们往往喜出望外，这种增值的喜悦会给你带来很多好处。

不要说隐私和提伤心事。在职场，想拉近对方与自己的距离，不要总谈及自己的事，也不要询问对方的私生活，更不要打听别人的隐私，就好比“男不问收入，女不问年龄”一样，这些都是交往过程中的大忌。也不要提及对方的伤心事，如身体患病、家人去世等。要找一些轻松的话题，比如：居家常识、保健医疗、搞笑的段子、运动与休闲类的，什么地方可以吃到著名的食品，怎样安排假期的节目等，这些都是一般人饶有兴趣的话题。

在办公室里与同事间相处要友善有礼，说话要和气，切忌用命令式语气。与大家意见不统一要保留意见，不要一根筋拧到底，争个你死我活。好辩逞强最不讨人喜欢。不要谈争议性强的话题，政治、宗教性的问题更是不适宜在办公室谈。时刻要记住自己该说什么，不该说什么。你一句无心的话，很有可能成为别人的把柄，因此断送职场生涯。

在职场与人说话，要符合自己特定身份的语言，这种身份就是自己说话的角色。不要把与亲人和孩子说的语气角色用在职场上。女职员说话不要太嗲，男职员说话也不要太娘。如果你用教训孩子的口气与自己的同事说话，都是非常不礼貌和有失身份的。

在职场，想拉近与客户的关系，谈话时，就要从对方引以为傲的事情说起。谈其得意之事必须掌握一个度。先略表示敬佩，但不要过分推崇，否则反面会引起他的不安。对于这件事情的重要关键，能够特别提出，加以正反两方面的阐述，使他认为你是他的知己。这样，在接下来的交往就会顺畅多了。

最后，需要强调的是，说话时一定要带着善意去与人交流，这不仅能加深彼此的距离，还是与对方建立友谊的基础。

2.忌不讲信用

诚实守信是职场为人处世的一种美德，更是为人处世之本。诚实的人能忠实于事物的本来面目，同时也不隐瞒自己的真实想法，处事实在。一个人要想在社会立足，干出一番事业，就必须具有诚实守信的品德。诚信是所有事业成功的基础。因为只有这样，你才能守住心灵的契约，赢得做人的尊严，最终会成就一番大业。

从校园初涉职场的大学生，从你递交简历的那一刻起，就开出了你信用的证明。有很多大学生为了找工作应聘成功，把自己的简历进行了包装，没经验写成有经验，把自己没做的工作也写上，为的是让自己更有竞争力。侥幸通过的，在进入职场后慢慢弥补自己的不足。没有被录取的，也因刻意的作弊，而让原本还有些胜算的机会从手中就这样溜走了。

要知道，我们每个人身上都带着一张“信用卡”，卡上记载着你个人的职场信用。卡虽无形，却真实地存在于职场人环境中，影响着你的个人规划，乃至职场生涯。至于这张信用卡上会出现什么内容，完全就是反映你在职场里的成就或名声。

“信用卡”上面最基本的信用就是“真实”。

财会专业毕业的微夏去应聘一家私企的出纳，面试的时候，对方问微夏有无从事财务这方面的工作经验，曾经在姐姐家的小公司实习过一段时间的微夏，如实填写了自己的经历。并且把自己擅长什么，做过什么方面的财务工作，还有哪些业务不是很熟悉，都一一写了下来。面试过后，对方让回来等消息。微夏内心有点担心，她觉得自己和对方的要求差的太远了，很后悔把自己的简历写得太苍白了。

令微夏没有想到的是，对方很快就录用了她，人事主管对她的评价是：这是一个踏实肯干的年轻人，即使专业基础比较薄弱，但是可以通过后天的磨炼来弥补，财务工作看的就是一个人的品质和德行。显然，微夏的胜出完全是因为能够立足实际，客观地评价自己。微夏的信用使她踏上了职业生涯发展的新的平台。微夏是用自己的信用搏来了事业的福祉。

另一个新毕业的大学生赵敏是学平面设计专业的，有一些做书和设计杂志内文的经验。为了谋求更好的发展，她就应聘了一家大型广告公司的设计工作，为了能争取到这个位置，赵敏把自己的简历包装得非常漂亮。没有多久，就收到了广告公司的面试通知。面试过程很简单，没问几个问题，就直接进入了实际操作环节。招聘负责人出了一道现场设计题目，要求赵敏现场设计一款产品。赵敏傻眼了，虽然她懂一些设计软件的基本操作，但并不是很熟练，可赵敏在简历上写的是可独立完成产品设计，夸大其词的她只有红着脸离去。

职场新人为了获得更好的工作机会，急功近利，做出一些违背职场信用的事，违反了职业道德。在信息不对称的情况下，很容易给用人方造成损失。作为求职者，最好的方式就是脚踏实地，不断提升自己的核心竞争力。

此外，很多职场新人不讲信用还体现在被用人方录用后，只上了一周的班，或者只上了一两天的班干脆就不来了。在电话里和主管领导说了句“不是很适合我”或者没有任何借口，直接就不见人了，这种不辞而别的方式也是不讲信用的体现。这些职场新人对工作抱的是无所谓的态度，一切都是凭着感觉，想的是反正工作有的是，东家不要西家要，总能找到最适合自己的一家，所以稍微不满意就选择离职，反正没有公司知道我曾经不辞而别。

如今“全国个人诚信公共服务平台”的建立，就可以帮助企业将员工的真实表现、奖惩记录建立一个永久电子档案。诚信档案的采集和应用将在求职领域越来越广泛。在职场上工作就像使用信用卡一样，如果信用不好，在与金融机构打交道的时候会遇到很多困难。

如何建立自己的职场信用呢？

守时是一个人基本的信用体现。一些交通状况或意外导致我们无法准时赴职场之约，我的建议是，那么，请提前一点儿时间给对方发送消息，告知对方有延误，可能延误多久。很多人这一点特别不注意，当今一些交通情况有延误也在所难免，但是你有一个提前的提示，和没有给对方的印象是相差极大的。强调一下，信用的本质就是别人对你的印象。

没把握的事情，要学会拒绝。有些时候，有些人会觉得朋友要求帮忙，碍于面子不好拒绝，为了朋友面子，只好做了一些出卖人品有损信用的事情。你可以这么做：如果朋友为了他自己的目的，明知你要出卖人品损信用才能帮到他，还要你帮忙，直接断交不要顾虑，这种人不是真朋友。如果朋友不了解内情可以解释给他，让他知道这个要求不合理，然后断然拒绝。

做人有底线，避免同流合污。为了生计，你可以在一个劣迹斑斑的公司赚一份薪水，但请不要让自己变得劣迹斑斑。实际上，无节操的公司的员工，在换工作的时候并不会吃太多亏，其他企业也不会把你前任公司的问题归咎到底层员工身上，但如果你自己有了劣迹，这总是一个定时炸弹，说不上哪天就会爆炸，因而失去一次融资或者晋升的机会。

3.忌玩笑无度

在办公室内或会议间歇，同事间开个善意的玩笑，可以活跃下紧张的工作气氛，缓解下工作忙碌的压力，增进彼此的感情。在一个团队有这样一个可以带来欢笑的人，就好比给机器加了润滑剂一样，和谐顺畅。只是开玩笑也要有个度，玩笑过头了，会影响同事之间的感情，破坏团队的团结，这恐怕是开玩笑者始料不及的。所以，在办公室这个方寸之地，要注意开玩笑的艺术，哪怕是最轻松的玩笑，也要注意掌握分寸。

刚毕业应聘来的大学生亚楠，是个外貌出众、性格活泼的女孩子，说话快言快语。这个看起来各方面都不错的女孩子却经常被老板训斥。原因就出在亚楠爱开玩笑不分场合上。

例如，有一天老板穿了件新衣服，同事们见了都说老板看起来很年轻，很精神之类的话，可亚楠却在一旁来了句：老板，你穿新衣服了啊，不过好像款式是去年流行过的啊！老板顿时满头黑线。

还有一次，老板和客户谈好合同，双方在合同上签字，看到老板龙飞凤舞的签名，客户夸奖到：这字写得可真漂亮。正好亚楠端着茶水进来，接过话说到：能不漂亮吗？我们老板没事就练，而且就练自己的名字。此言一出，老板和客户都陷入了尴尬。类似的事件时有发生，试想下，亚楠怎能被老板重用和喜欢？

身为职场的女性，特别要注意的是不要开自己领导的玩笑，就算他再有涵养，再有亲和力，也不要忘记他始终是你领导的身份地位，即便他是个多么随和的人，也不要仗着自己年轻无敌，口无遮拦，和领导随便开玩笑，特别是在有别人在场的情况下，更应格外注意。不管你跟领导的关系有多好，什么时候都要保持谦逊之态，千万不可得意忘形，否则，就会自取其辱。

同事之间开玩笑更要注意分寸，不要因为自己的一句玩笑话得罪了同事。尤其是异性同事之间，开玩笑更要有分寸。

张凯是一家企业的文职人员，脑袋灵光，反应比较快，平日里就是爱开个玩笑有点管不住自己的嘴。单位有个女同事比较胖，在开会的时候，张凯经过她身边的时候，就随口说了句：肥肥姐，一张椅子够用不？周围的同事会心地笑了，这个女同事别提有多尴尬了。部门的主管领导是个身材略微有些发福的中年男子，人很和气，张凯和他说话很随便，一次，大家从餐厅往外走，张凯对这个领导说：老大，你又胖了，不知道的人还以为你怀孕好几个月了呢！这个领导脸色微变，“哼”了一声走开了。

在职场，有些人总是开起玩笑就忘了他人，把别人的身体缺陷当作笑料来谈论，自以为很风趣，其实是一种不尊重人的无知表现。虽然暂时博得了一部分人的欢心，却忽略了当事者的感受，这样的玩笑听起来又有何意义呢？同事之间开玩笑不能像朋友之间一样肆无忌惮，一定要格外注意自己的言谈。同事的一些隐私、个人缺陷最好不要拿来开玩笑，否则，会使同事下不来台，伤害他们的自尊心。

玩笑一定要开得恰到好处，分人，分时，分场合，分内容，让每一个人听起来都感觉很舒心。如果你随随便便张口一个笑话，不仅触动了他人内心的不快，同时也影响了自己的心情。你以为自己很熟悉对方，随便说些玩笑话，如果对方比较敏感，觉得你在冷嘲热讽，你的一句玩笑话触怒了他，那么你们两个的友谊已经破碎，同事的关系变得紧张。事后道歉一万次都没用，想要后悔也来不及了。

职场上，开玩笑的尺度要怎样拿捏呢？

开玩笑一定要不失尊重，你可以讲冷笑话，猜谜，但不要有伤及自尊心，使他人产生自卑、自暴自弃等心理行为。笑话就是单纯的笑话，不要有变相攻击，绝不以讽刺他人自尊的方式攻击竞争对手。不要拿领导开玩笑，年长的领导因代沟、自身性格等原因不太能接受愚人节，那么职场年轻人最好避免对其恶作剧，以免产生不必要的误会。

此外，还有一种玩笑方式以恶作剧的形式出现，在办公室，爱开玩笑的人会藏起同事的重要文件、假扮客户令其赴约、弄脏工作装等过火行为，都会影响到对方的工作效率，这样的玩笑一定要避免，万一弄巧成拙就此耽误了对方的商业谈判，就损失惨重了。

不要板着脸开玩笑。生活中的我们，并不是幽默大师，很难做到这点，如果你不苟言笑地说笑话，那么对方笑过之后，看到你板着脸，顿时气氛就尴尬了，而且会引起不必要的误解。开玩笑的次数应该把握一个度，一两次的玩笑就行了，总是开玩笑，时间一长，就会显得自己不够尊重同事，在领导面前，也会显得自己不够踏实与成熟，领导也不能再信任你，不会委以重任。

办公室里开玩笑可以调节紧张的气氛，异性之间的玩笑也会缩短两人的距离，但是切忌次数不要过多，不然会让周围同事产生暧昧的眼光看待你们两个人。并且不能在女性职员面前说黄色笑话，这样会降低自己的人格，让大家认为你的思想不健康。

4.忌搬弄是非

在职场，总有一些爱挑拨离间、搬弄是非的同事在你的周围，这类人用不道德的方式挑拨你与同事的关系，隔岸观火。有的甚至怂恿你与领导之间产生矛盾，让你在单位的日子不好过，简而言之，无外乎就是离间他人，自己坐收渔利。搬弄是非是一把锋利的双刃剑，持有此剑的人，能将他人伤得体无完肤。当然，这把剑也会伤及自身。在职场中，一旦被人贴上搬弄是非的标签，那么这个人便会被公司同事日渐疏离，甚至被无情抛弃。

单位里新进来一个研究生张灵，老板很重视，有什么业务都会带着她出席，这使先前经常陪伴左右的行政助理郑美非常不满，她决定做些什么。于是，她总是有意无意地透露给张灵单位的负面信息。比如福利不好、效益不稳，等等。也时不时地在老板耳边吹风，说张灵这个人心高，不见得能干久，培养也是白培养。老板听完，只是淡淡地说："这事也不是咱们能做得了主的。"老板的态度并没阻止郑美继续搬弄是非的心，于是她继续干着这种挑拨离间的勾当。可令人意外的是，张灵与老板进行了彻底沟通。老板知道这些事后大发雷霆，郑美也觉得自己无颜继续待下去，不得不主动提出辞职。

为了赶走备受老板重视的同事，郑美的做法可谓是机关算尽。在老板面前，她捏造事实，恶意中伤同事。在同事面前，看似好心地提供内部消息，甚至劝其另谋高就。但是，日久见人心，这种挑拨离间的行为早晚会被人识破，这就如同手持一柄双刃剑，最终伤人也伤己。

没有任何一家用人单位，会让一个爱搬弄是非的员工长久地留在这里，即使他有再高的过人才能。他始终是颗毒瘤，随时病发，继而感染周围的人。这类人会影响单位的内部团结，以及企业的正常运转。挑拨离间者逞一时口舌之快，但天下没有不透风的墙，迟早会有一天真相曝光，那时等待他的，必定是众人的离弃。

爱搬弄是非的人还有另外一种表现，就是贬损他人，在他的眼中谁都不如他，在他的眼中，单位任何现象都是他用来肆意说教的谈资。这类人在团队中产生的消极情绪不可小觑。这种贬损貌似是无心之过。但其实有很强烈的功利色彩，故意捏造是非，图谋利己。但当他把贬损他人成为一种习惯之后，他最终面临的往往是真相大白后，人格上的失败。

我曾经有个学员，向我大吐苦水，说自己大学期间在很多家公司实习过，也很有经验，可为什么毕业后应聘了几家公司都失败了呢？经过与他的交谈，我发现原因是出在他在面试中的表现。每次招聘主管都在面试时会问他，你对你实习过的公司有什么评价，他都会说出很多有关这些公司的负面信息，什么领导说话没水平啊，什么食堂的环境不好啊，在他的口中，没有一家公司令他满意。于是，我跟他说，换作是我，我也不会录用你的。理由很简单，如此贬损自己曾经为之付出并辛勤工作过的公司，这不也是在贬低自己吗？我的公司不需要这样的人！

这类爱贬损的员工等于在搬弄各个公司的是非，只能说明他心胸狭小，不够宽容，喜欢挑刺，很难有合作精神。他的内心不够积极，无法乐观、从容地面对新的工作与挑战。这些都不利于他今后工作的开展。最重要的是，他这种贬损他人的行为显现出了他人格上的缺陷。这样的人是危险的。他将永远摆脱不了品质低劣的嫌疑，永远不会被人看得起。

在职场，该如何避免被人贴上“搬弄是非”的标签呢？

首先就要管好自己的嘴。职场人际关系微妙，公司任何变动，在你不知原委的情况下，就要免开尊口。人前人后都不要乱议论和嘀咕。也不要同事间抱怨公司待遇和加班费之类的话题。背后议论，等于白说，反而落人口实。

爱搬弄是非的人浑身都是负能量，要想自己摆脱这种形象，就要多补充一些正能量，把自己的思想变得积极些，做人坦荡荡些。同事之间相处贵在真实、诚恳。我们切不可因任何原因而制造是非，或卷入是非。唯有正直坦荡，才能够赢得别人的尊重。

换种角度思考问题，也许那些爱搬弄是非的同事说你的不好，还有助于你发现自身不足，弥补自身缺陷。摆正心态，有则改之，无则加勉吧。生活中无完人，但是在工作上必须追求完美，拿一份工资就必须尽职，有人对自己有意见那是鞭策自己，督促自己趋于完美，这是对公司有利的行为。

相信领导的判断力。一个人在职场中，自己的突出一定会招致非议和意见分歧。要相信你的领导不是傻子，他不会听信人家的一面之词，也不会因此而对你有所偏见，要说看法，作为领导，只会对搬弄是非捕风捉影的人有看法。做好自己的工作，处理好与同事之间的关系，及时消除小误会，避免发生被打小报告的事情才是王道。

毕竟没有人会真的一直干无中生有、恶意中伤其他人这种损人不利己的事。我们所要做的就是做好自己的分内事，凡事尽力而为，所有的事做到问心无愧。如果这样，无论他怎么在上司面前说你的不是你都没理由去在意，因为你的努力上司是看在眼里的。

5.忌不拓展人脉

很多职场新人认为，只有那些从事保险、记者等行业的人，才需要重视人脉，而事实上，在竞争激烈的职场，每个行业都需要重视人脉。成功学专家说过：成功 = 知识 + 人脉，知识是通过人脉在不断交流中提高的，人脉是在日常生活中不断扩展，需要我们长期维护积攒而来。正如美国谚语说的："一个人能否成功，不在于你知道什么，而是在于你认识谁。"

台湾凌航科技董事长许仁旭曾说过："如果不是因为我在台积电工作时跟凌阳董事长黄洲杰建立了深厚的感情，我现在也不会成为凌阳集团投资业务的重要顾问。"证券投资界的杨耀宇，在谈到为什么自己能从一名乡下小孩迅速成长为打工皇帝时说："我的人脉网络遍及各个领域，成千上万条。"

可见，人脉好比一个人的秘密武器，会在你人生的关键时刻起到制胜作用。好的人脉，好比你存在银行的一笔资金，在你穷困潦倒之际，力挽狂澜。在职场，你拥有好的人脉如同有贵人相助。这些贵人有可能是你的同事，你的领导，你交往的职场伙伴，自此人生飞黄腾达，不可限量。

在如今这个十倍速的知识经济时代，技术、知识迅速更新，光靠一个人的力量无法达成任务。如果一个人懂得培养人脉网络的支持体系，将强化他的个人竞争力。善用人脉，会让你"一分耕耘，数倍收获"。每一次与人沟通，就为人脉多织就一条线。这就是"人脉竞争力"。一个人脉竞争力强的人，他拥有的人脉资源相较别人更广且深。可以让他比别人快速地获取有用的信息，进而转换成工作升迁的机会，或者财富。

需要提醒的是，职场中人很容易走进人脉误区。

比如，有些人认为人脉越多就越好，所以经常参加一些线下活动，逢人就换名片、加微信，见到名人或者重要人物必合影，而且他们还会掏出手机来给你看。要知道人脉不是你和多少人打过交道，而是有多少人愿意主动和你打交道。这是你必须要搞清楚的一件事。

还有人把那些名人、高端人士当成热门，走到哪里就追随到哪里，拍张照就觉得拉近了关系，那又怎样，你的价值又是体现在哪里？其实，现实生活中我们只需投资两类人。第一类是和我们层次相仿的人，大家社会地位接近，所处的人生阶段接近，做事的时候交集最大。第二类应该投资的是比我们社会地位略低的人，比如说下属、年轻人，我们应该尽力地去提携他们。这是最基本的人脉关系网络。

在职场，每个人都有一套积累人脉的方式，提升人脉竞争力有许多技巧，前提是一个人必须先具备自信与沟通能力。想在创业过程中成功，要善于学会把握机会，抓住一切机会去培育人脉资源与关系，其实有许多机会就在你身边，要善于沟通与交流，主动与他人沟通；要学会倾听，适时赞美别人也是沟通妙法。

高阳在描写胡雪岩时，曾经这样写道："不管那人是如何言语无味，他都能一本正经，两眼注视，仿佛听得极感兴趣似的。同时，他也真的是在听，紧要关头补充一两语，引申一两义，使滔滔不绝者有莫逆于心之快，自然觉得投机而成至交。"美国"钢铁大王"卡内基在1921年付出100万美元的超高年薪聘请夏布为CEO时，许多人问卡内基："为什么是他？"卡内基说："因为他最会赞美别人，这也是他最值钱的本事。"

在拓展人脉资源的过程中，要注意人脉的深度、广度和关联度。从长远考虑，千万不要有人脉近视症，需要关注成长性和延伸空间。不要太急于追求回报，积累人脉是需要一个时间段的，不是一蹴而就的。

如何拓展自己的人脉？

建立守信形象，善于学会把握机会。把"说到做到"当成自己奉行的信念，这是塑造良好印象的基础。然后抓住一切机会去培育人脉资源与关系。在公司内部，要珍惜与上司、老板、同事单独相处的机会，比如陪同上司开会、出差等，这是强化人脉的绝佳良机，千万不能错过。

直接与人搭讪有点贸然，你最好有一件具体的事情要找他，而且这个事情对他又有好处。创造一些看起来很自然的机会，比如，参加晚宴的时候，故意坐在你想认识的人旁边。参加会议的时候，先去和你认识的朋友打招呼，然后他一般会把正在聊天的人也介绍给你。扩展自己的人脉圈，可以积极主动地去接纳朋友的朋友，哪怕只是形式上的朋友，也要主动去记住对方的姓名、电话、爱好、生日等，在恰当的时间送去自己的关怀。

通过参与社团活动，接触到更多人。例如，多参加单位组织的球类等集体运动，通过在球场上的沟通来增进彼此的感情和关系。刻意增加自己曝光的渠道，例如，旅游团、健身俱乐部等，都是把自己推销给别人的好场合，也是可以建立自己形象的机会。

随着时间的推移，你的积累一定会有好的回报，会有一个量变到质变的转变。只有用心，不放弃，积极主动，真诚，才能逐步拓展自己的人脉！

6.忌当“职场卧底”

看到电影《无间道》，我们知道了什么是无间行者。而如今，随着企业间相互竞争激烈，也出现了职场无间道——职业卧底一族。这类人其中一部分是为自己创业前热身，偷师人家创业经验，学会后自己开始创业。还有一部分卧底一族是担负着把公司做大做强的重任，去同类行业中进行卧底，目的就是窃取同行的商业秘密与客户。后者，已经成为不容忽视的现象。虽然这种行为有损职业道德，但屡禁不止。

而这些职场卧底人选，通常会在职场新人中选择，企业老板摸准了他们急需要工作的心理，还有，他们很容易被这种很刺激的危险卧底生活所吸引。这也是就业市场重压下的畸形产物。使卧底族这种带着不纯动机的职业，一直都在道德底线和法律边缘徘徊。

我有个学员，曾经给我讲述过他的职场卧底经历。那时的他大学刚毕业，来到了深圳。学计算机专业的他，在一家私人的软件开发公司找了个职位。薪水不高，但足可以应付日常的生活开销。他觉得自己年轻，将来还会有很多机会，于是，工作很踏实也很努力。工作有一个多月的时候，老板突然把他叫到办公室对他说：“你也知道，在深圳立足很难，所以公司安排你去别的公司上班，这边的工资照发，那边的公司也有薪水。”正在云里雾里的时候，老板助理为他讲解了下，原来，公司要外派他到竞争的企业做“卧底”。

他很吃惊，内心很抵触，可架不住老板助理的一再游说，并保证，他的卧底工作只是短期行为，等得到想要的资料后，就回来升职做部门经理，薪水翻倍。他终于没禁得住诱惑，应聘去了那家公司。有了之前的工作经验，在这边他很快就熟练开展工作了，他的努力也赢得了新老板的赞赏。只是，好好的一份工作也不能安心下来，老板助理每天都与他联系，问有没有什么新情报，让他感觉自己像《潜伏》里的余则成。

为了早点接触到公司里的高层秘密，他每天都要冒险去偷听公司的股东高层会议。这时的他内心比较纠结，因卧底的这家公司对他也非常好，奖金、福利，一个都不少，而自己还要做背叛的事。这想法也只是一瞬间出现，更多时候他还是在心里默默祈求原谅。可令他闹心的是，这家新公司的老板居然上演同样剧情，安排他去另一家公司卧底。他突然觉得自己的学识和尊严被戏弄了，于是他毅然辞职，打道回府。原老板非常不满，升职部门经理的承诺也泡汤了。

职场新人被安排卧底的命运，是现实最残酷的生存命题。走，容易，但为了生活谁能保证下一个驿站不会是同样的命运？留，也不难，老板说了，乖乖地听话，继续卧底，升职加薪还真有希望。就这样卡在理想与现实的夹缝间，令职场新人左右为难。

这种卧底行为，一方面在职场难以杜绝，因在操作上容易实现，所选的员工又是新员工，上手很快，另一方面，没有相关法律制约。这些职场新人就如同棋子一样被安排得跳来跳去。国外企业对于员工辞职是有规定的，在他们进入企业前要签订相应的“保密条款”，在离职后多长时间不能在同行业中服务等，这些其实都是对企业合法权益的保护，也是在有效地防范卧底行为的发生。

职场新人，我们应当拒绝当“卧底”。

在信息时代里，社会变化一日千里，即使你卧底成功了，也并不意味着你的事业就有了成就。你的卧底换来的只是人家的模板和模式而已。况且你的行为已经为你的职业操守减分。真正的成功是创意与研发，那才是属于你自己的成绩。而不是用偷窃的行为得来的。

别让你的人性弱点，成为企业老板驾驭你的砝码。尽管这么心术不正的老板明目张胆地标榜卧底行为，甚至作为一种时髦去推崇。你也要认清，这始终是一种不道德的行为。你的人性弱点决定了别人总是在寻找各种机会钻空子，总是千方百计、不择手段地满足自己的欲望和需求，限制人性弱点的泛滥仅靠法律显然不够，所以需要社会公德意识的觉醒。

职场新人因新来乍到，面对领导的命令，几乎是照单全办，害怕拒绝会给彼此的关系带来不利影响。可是面对一些不合理请求，就应该学会拒绝。

比如你可以这么表达："老板，其实从内心来说，是真的很感谢在公司有这么多做事的机会，这段时间我得到了很多的学习和锻炼，我也希望把每件工作都尽力做到最好。虽然现在我手头上的工作很少，但我一直在家自修些课程，导致我的时间和精力无法保证面面俱到，所以这份卧底工作我做不来。"不要怕不好意思，不要觉得自己是新人，进入公司以后就是企业员工中的一员，你有你的权利，尤其是拒绝的权利。

在法律有待完善的今天，在人们的欲望千变万化的今天，我们的许多行为更需要道德的保驾护航，卧底族自身也如是。当卧底族的屈辱与负罪的感觉，不会因你的胸怀坦荡而改变，这无穷尽的生存态链中，每个人都是其中的一环，当你被点到的时候，你可以点"忽略"，也可以什么都不选，但你就是不要点"继续"。